天下变局

商鞅的矛与盾

刘棠希 白丁羽 著

台海出版社

图书在版编目（CIP）数据

天下变局 : 商鞅的矛与盾 / 刘棠希 , 白丁羽著 .

北京 : 台海出版社 , 2025. 5. -- ISBN 978-7-5168

-4241-6

Ⅰ . B226.25

中国国家版本馆 CIP 数据核字第 2025GC3844 号

天下变局：商鞅的矛与盾

著　　者：刘棠希　白丁羽

责任编辑：徐　玥
封面设计：天下书装

出版发行：台海出版社
社　　址：北京市东城区景山东街 20 号　　邮政编码：100009
电　　话：010-64041652（发行，邮购）
传　　真：010-84045799（总编室）
网　　址：www.taimeng.org.cn/thcbs/default.htm
E - mail：thcbs@126.com

经　　销：全国各地新华书店
印　　刷：三河市兴达印务有限公司
本书如有破损、缺页、装订错误，请与本社联系调换

开　　本：710 毫米 × 1000 毫米	1/16			
字　　数：190 千字		印　　张：12		
版　　次：2025 年 5 月第 1 版		印　　次：2025 年 6 月第 1 次印刷		
书　　号：ISBN 978-7-5168-4241-6				

定　　价：59.80 元

前　言

秦国历史中有两处特别有意思的细节：公元前 771 年，周幽王死于犬戎之祸，西周灭亡。第二年，废太子姬宜臼在众诸侯的拥立下进位为王，是为周平王。为避犬戎，周平王将都城东迁，国号不变，史称"东周"。就在周平王继位当年，靠养马起家的秦国先祖因护送王室东迁立功正式受封，秦国建立。

如果把东周王室视为"父亲"，秦国便是"儿子"，父亲和儿子同年出生，这是细节之一；如果把秦人护送周平王东迁视为"再造姬周"，那他们又是数百年后"灭绝姬周"的刽子手，这无疑暗合了"君以此兴必以此亡"的古谶，不可谓不吊诡。两处细节同时说明，东周（春秋战国）因变而生，因变而亡，而秦国则是这场变局的最大赢家。

战国承接春秋，是这场大变局的收官战场。激烈战国也可称作是剧变战国，剧变之下，不变应不了万变，只有主动求变，国家才有一线生机。由此，变法时代来临。而秦国之所以能从这场变法大局中脱颖而出，一个人物至关重要。

这个人就是商鞅。商鞅无疑是一个矛盾的结合体。

一方面，商鞅似乎有着超脱那个时代的大智慧。他在秦国强化中央集权、推行法治、奖励农业生产、抑制商业发展，以及通过军功爵位制度激励军队战斗力，种种措施涤荡了秦国的旧有生态，让秦国在变局中鱼跃龙门，没有智慧显然不行。

另一方面，商鞅看起来又后知后觉，头脑简单。在功高震主的隐忧已被点破的情况下，他仍然我行我素，贪名逐利。因为没有急流勇退，商鞅惨遭清算，落得个身败名裂的下场。

　　类似的纠结在商鞅身上比比皆是。

　　商鞅为秦变法一往无前，不惜得罪权贵，以身入局，看起来确乎是公忠体国。但他又没有完全以身作则，面对秦孝公裂土封疆的厚赏，他明知这背离了新法的精神，但仍然选择接受，看起来又有些假公济私。还有，商鞅谈及变法，似乎处处为民着想，可落到实操，他的举措似乎又冰冷异常，缺乏对底层的关怀，新法的残酷有目共睹。

　　凡此种种，这些矛盾不光左右了商鞅的命运，也令其风评毁誉参半。中国历史上很难再找出一个像商鞅这样评价两极分化的人，爱之欲其生，恶之欲其死，他屡屡被冠以"伟大"的头衔，也无时无刻不在承受着千夫所指。

　　所以，我们不得不问："商鞅到底是个什么样的人？"

　　如何评价商鞅？这个问题的答案并非一成不变，而是随着历史的发展和时代的变迁而不断演变。在不同的历史时期，人们对商鞅的评价呈现出鲜明的两极分化。有人认为他是治国奇才，正是他的变法思想使得秦国崛起，最终统一六国；而另一些人则认为，商鞅的思想是祸根，他制定的政策导致了后世封建统治者的愚民政策，使百姓被奴役。

　　本书试图通过对商鞅的生平、变法措施、思想影响让读者能够更深入地理解这位历史上的改革家，以及他的思想如何塑造了一个时代的政治格局。

　　在书本的最后一部分，我们将针对商鞅的主要争议——铺展开来，秦朝速亡是商鞅的错吗？当下流行的"秦制"一说跟商鞅又有什么关系？《商君书》真的是天下第一禁书吗？"当然，还有如今在历史板块炒得沸沸扬扬的"驭民五术"，商鞅果真是蹂躏人民的帮凶吗？

　　这些疑惑解释清楚后，真实的商鞅才会浮出水面。

治世不一道，便国不法古。

《商君书·更法》

目 录

变

目 录

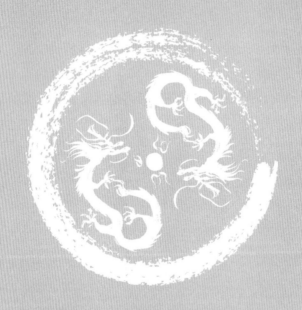

引子　秦国小卒的家书

秦王政二十四年，公元前 223 年，灭楚之战的最后一年，秦国老将王翦麾下 60 万大军已深入楚国腹地。

这年二月（秦历），王翦大军部分主力集结于楚国旧都陈郢一带（今河南淮阳），一场恶战迫在眉睫。

秦国南军一部即将参与这次攻城，本月辛巳日，南军大营一处角落里，两名普通的秦国士卒给远在安陆（今湖北安陆）的家人写了封信。他们一个叫黑夫，一个叫惊，是一对兄弟。

家书以黑夫的口吻写就，收信人是他们的大哥，名叫衷。

信头大意如下：今天是二月辛巳日。黑夫和惊恭祝大哥安好。母亲身体还好吧？我们兄弟俩都挺好的。前几天，我们两个因为作战没在一起，今天终于又见面了。

寒暄过后，二人很快进入正题，他们催促家里赶紧寄些钱来，并让母亲置办几件夏天的衣服，一并寄过来。

细心的黑夫还叮嘱大哥，如果安陆老家的丝布很贵，就多给点钱，自己在当地买布做衣。

兄弟二人显然在战场上杀了敌立了功，黑夫对此十分上心，他急问大哥，秦王有没有赐爵？赐的是哪一级爵位？有没有感谢前来赐爵的官吏？

这封家书中的口吻和感情与今人无异：信的末尾，两兄弟拜托哥哥问候姑姑、姐姐，甚至还有邻居。惊的媳妇也在安陆老家，信的最后一句是劝慰她好好照顾老人，不要怄气。

……

这一次，无名小卒的过往不再淹没于历史长河。

2198年后，即1975年，湖北省云梦县睡虎地秦墓出土了一批竹简。在4号墓，考古人员发现了这封家书，一同出土的还有数月后惊单独写给大哥的另一封信。

这座墓的主人便是衷。大哥显然收到了两个弟弟的信，家书抵万金，衷视之如珍宝，乃至死后也要与其一同下葬。

黑夫和惊均不见于史册，他们后来的命运也无从得知。但考虑到秦楚战争的暴烈，以及大哥对信件的追思，这两名普通的秦国小卒的结局极有可能是倒卧疆场，魂留他乡。

这两封家书不光是衷的心头至宝，也是中国考古史上的皇冠明珠。因家书以秦隶写在竹简上，学者称其"片片都是国宝"。

两封家书，简简单单的527个字，不光展示了秦国底层士卒的生活面貌，也再次印证了秦国的崛起绝非偶然，同时它也明明白白地昭示：100多年前横遭车裂的商鞅并未真正死去——他仍在操盘秦国。

据《商君书》所言，为鼓励军功，商鞅规定凡是斩得敌人一颗首级，可赐爵一级、赏农田一顷、住宅地九亩、庶子（类似仆人）一人。

只要奋勇杀敌，就能改变命运。商鞅为秦国重新制定了一套爵制，共二十级，并且各级爵位均规定有占田宅、奴婢的数量标准和衣服等次。一颗人头进爵一级，两颗人头就进两级。如果不要爵位，还可以将其兑换成适当俸禄的官职。

黑夫和惊的信中，我们能读出兄弟二人对家人的牵挂、宽慰，却几乎看不出大战来临前普通士兵的恐惧和迷茫，原因可能也在于此。

由于奖赏丰厚，商鞅变法后，秦人"闻战而相贺"，日常生活中唱的歌都跟战争有关。所以有"民之见战也，如饿狼之见肉"的说法。对此，《商君书》中的记载更为露骨：奔赴战场前，父亲送别儿子，哥哥送别弟弟，妻子送别丈夫，临别之言不是"保重""平安回家"之类，而是"不得，无返"，拿不到军功，就别回家。

黑夫和惊在战场上当是有所斩获，所以他们都特别关心秦王是否已经赐爵。在那个时代，他们一家深处原属楚国的蛮荒之地，杀敌立功是他们光耀门楣的唯一机会。因此，兄弟二人的兴奋和期待可能盖过了对死亡的恐惧。

黑夫兄弟大概率战死沙场，不能享受到以命博来的富贵，但商鞅变法时就有规定，军人战死，功劳赏赐可由亲人承继。从大哥衷的墓葬规格来看，秦王嬴政应该没有赖账。

自商鞅变法开始，这套军功制度便利诱出一支"想打、敢打、能打"的虎狼之师，并最终扫荡六国。

商鞅的影响不止于此。

第二封家书的执笔人惊特别挂念家中妻子和幼女，他叮嘱哥哥，一定要看管好小侄女，千万不要让她去太远的地方打柴。年幼的小女孩也要出门打柴，那惊的妻子一定是家庭的主要劳动力。

这也是商鞅变法带来的蝴蝶效应。

战国时期，铁制农具开始普及，生产力大幅提升。简单来说，个人能够创造的经济价值更大了。于是，商鞅颁行"分户令"，意在拆散宗族式的大家庭，将其打碎为一夫一妻制的原子化小家庭。显而易见的是，分户能够杜绝大宗族群居时一些人的依赖心理，迫使每个人都能逼自己一把，让小农经济最大限度地去膨胀。

为此，商鞅规定："民有二男以上不分异者，倍其赋。"家里有两个以上男丁且不分家的，税赋加倍。后来，商鞅又下令禁止父子兄弟同室而居，这是法律层面的强制分家。

从家书中透露的信息看，惊这个大家庭经济状况尚可（家里还有闲钱寄给二人），非赤贫但也算不上富裕。在变法后的秦国，惊一家兄弟三人必定会分家，惊出征在外，妻子和幼女可能只是暂时和大哥及老人一起生活，但母女二人仍需劳作以自足。

商鞅变法就如同一台强力压榨机，保证秦国的每个劳动力都不被浪费。在机器战胜人力的工业革命之前，"人多力量大"就是经济腾飞的秘诀。

除此之外，家书中也体现出秦国高效的官僚运转系统：黑夫和惊穿着冬衣去打仗，可以推断他们立功不会超过半年。不同于战后痛饮庆功酒，秦国的官僚系统在战争还未结束、军人尚在沙场时就开始论功行赏，不可谓不高效。

这可能也是商鞅变法的成效。据《商君书》，商鞅第一次变法时便整顿吏治，要求官员"无宿治"，即不许拖延政令、积压公务。商鞅的初衷很简单：官员办事从速从快，他们就来不及以权谋私，老百姓就不会吃亏。

对黑夫兄弟来说，商鞅可能只是个陌生的人名，他们怎能料到，自己的家庭、言行、理想都由这个已作古百年的"逆贼"塑模，更令人心意难平的是，秦国土地上千千万万的人民都脱胎于商鞅打造的这套模具。

秦王政二十六年，公元前 221 年，秦将王贲避开齐军主力，率军从原燕国南部南下攻齐，齐王建不战而降。山东六国俱灭，嬴政终于一统天下，建立秦朝，号称"始皇帝"。

自此，商鞅不再是秦国的商鞅，而是中国的商鞅。

壹

风云突变：孕育奇迹的战国风口

第一章 一边礼崩乐坏，一边万物竞发

春秋之后，激烈的战国来临，这是一个大变革的时代：旧的秩序被打破，新的势力在混乱中崛起，各国为了生存与发展，展开了激烈的竞争与斗争。

"战国"二字，既是对这一时代战争频繁的描述，也是对各国变法图强、力求统一的生动写照。从春秋时期的礼崩乐坏，到战国时代的杯盘狼藉，战争的规模与残酷性不断升级，诸侯间的对抗从点到为止的较量演变成了你死我活的较量。在这场旷日持久的变局中，有的诸侯兴了，有的诸侯亡了；有人陨落，有人上位。

商鞅与秦国是这场变局下的两条线，一个是落魄贵族，一个是化外诸侯，两线交织后，战国大变局就将风起云涌。

战国到底有多乱

翻开史书我们会发现,春秋时代的战争有些不寻常。

公元前 647 年,晋国遭遇大旱,仓廪空虚,内部危机空前严峻。西边的秦国本就虎视眈眈,再加上两国之间存在土地纠纷,秦国内部有人主张"趁他病,要他命"。

令人诧异的是,主政的秦穆公非但没有乘人之危,反而应晋国所请,派出大量船只运粮救灾。秦国的救援队伍浩浩荡荡,帆船从秦都一直绵延至晋都,沿途八百里首尾相连,络绎不绝。

依后世的战争逻辑,天灾之下,秦国必将趁火打劫,晋国必将岌岌可危。可秦穆公却以粮代兵,再结秦晋之好。此次行动两国不见刀兵,史书仍称之为"泛舟之役",可见史家对其刮目相看。

高风亮节的不止秦穆公一人,以今人视角看,春秋贵族的战争观简直匪夷所思。

公元前 597 年,晋楚大战于邲(今河南荥阳北),晋军大败。溃逃过程中,晋军的一部战车陷入泥坑中不能动弹,追上来的楚兵非但没有瓮中捉鳖,反而手把手地教他们怎么脱困:把大旗丢掉,车辕上的横木也别要了。有了敌人的帮助,晋军得以继续奔逃。楚军这才重整旗鼓,再度追亡逐北。

公元前569年,楚共王因陈国背信弃义,举兵讨伐。好巧不巧,陈成公在大战来临前突然病故。敌军最高统帅暴毙,这无疑是取胜的天赐良机。可楚国是怎么干的呢?据《左传》载,"楚人将伐陈,闻丧则止",楚国竟然怕打扰到陈国国丧,主动罢兵了。

……

孟子曾站在儒家的高台上大喊"春秋无义战",但他并非指责春秋战争多行不义,而是强调"礼乐征伐自天子出",诸侯不遵王命,互相攻伐就是"无义"之举。事实上,春秋时期诸侯之间的战争暴力程度一直不高,往往也不以兼并为目的,经常是点到为止,互留余地,贵族风度依然翩翩。

直至战国时代来临。

如果说春秋还只是"礼崩乐坏",那战国一定是"杯盘狼藉"。西汉刘向《战国策叙录》有言:"捐礼让而贵战争,弃仁义而用诈谲。"他描述的正是战国的时代特征。

仅从战争角度,我们也能看出战国与春秋的泾渭分明。

春秋初期著名的城濮之战,晋楚两国仅仅打了一天便决出胜负,其中胜方晋国出兵七百乘,每乘以三十人计,不过区区两万人。要知道,当时的晋国可是堂堂霸主,武德如日中天。

到了战国,这点兵力已经拿不出手了。

《战国策》中载有七雄鼎盛时期的大致兵力,数十万只是大国门槛,百万雄师屡见不鲜。如楚国就"带甲百万,车千乘,骑万匹",分晋而来的魏国有"武力二十万……车六百乘,骑五千匹"。七雄之中韩国最弱,《战国策》称其"见卒不过二十万",可这样规模的军队在春秋时期已经是巨无霸般的存在了。

军队数量猛增的同时,这一时期的战争也不再干脆利落,诸侯角力动辄迁延数月甚至数年，淋漓不尽。如齐魏桂陵之战、马陵之战，双方合计用兵都在20万左右，都拖到第二年才决出胜负。又如魏赵三年战争，双方倾尽所有，打了三年也没有赢家，直到参战双方国力不支才作罢。

至于战场礼仪，七雄早就把它们丢进了垃圾桶。取而代之的是各种尔虞我诈、阴谋算计，诡道兵法应运而生，火攻、水淹、掘地、围城，只要能够取胜，各国无所不用其极。演变到后期，战争已成你死我活的角斗场，血腥味弥漫整个战国。

以秦国名将白起为例，有人称其为"战神"，但也有人叫他"杀神"。原因很简单，白起一生南征北战，为秦国立下汗马功劳的同时，也夺去了无数生命：伊阙之战击败韩魏联军，斩首24万；华阳之战力挫魏国，斩首15万；鄢郢之战为求胜利，他水淹鄢城，楚军伤亡惨重，一同陪葬的还有数十万平民；最惨烈的当属长平之战，白起一声令下，赵国40万降兵灰飞烟灭。

《孟子》有十六字"战国残酷物语"："争地以战，杀人盈野；争城以战，杀人盈城。"刘向的评价更是痛心疾首："并大兼小，暴师经岁，流血满野。父子不相亲，兄弟不相安，夫妇离散，莫保其命，潜然道德绝矣。"

为什么战国会画风突变？是什么让各诸侯杀红了眼？

原因有深有浅。

浅层面上，战国时代源于失控，起于混乱，由失控带来的混乱又引出了残酷的丛林法则，弱肉强食下，战争最先变异。

失控的标志性事件便是"三家分晋"。

国内部分学者采纳司马迁《史记》的叙事线，以周元王元年，即公元前475年为战国开端。若以大事件为界，司马光在《资治通鉴》中的划分最为熨帖。

司马光以"三家分晋"为春秋战国的分割线，即公元前403年。这一年，中华大地名义上的最高统治者周威烈王连续签发三份委任状，封晋国大夫魏斯、赵籍、韩虔三人为诸侯。

"三家分晋"扯下了周天子最后一块遮羞布，使得天下再无"共主"，周礼维系下的统治秩序瞬间崩塌。同时，魏、赵、韩三人也给了所有野心家一个危险的示范：只要拳头足够大，封侯称王不过一念之间，大到一定程度，取天子而代之也无不可。

秩序失控后，武力是保证生存的唯一手段，丛林法则下的战争自然异常残酷。

往深层面讲，战国的失控其实是时代必然。

普鲁士军事理论家克劳塞维茨在《战争论》一书中说，战争是政治的延续。在他看来，战争不过是政治手段的一种，服务于国家意志。由此观之，战国暴力浓度的攀升绝非杀红眼的意气用事，而是源于国家意志的嬗变。更细致地说，生产力的发展催熟了各诸侯的侵略性，春秋时期的争霸已不能满足战国各诸侯的胃口。

战国时期，得益于铁器的普及和小农经济的发轫，各国生产力都有了质的飞跃，土地的价值随之水涨船高。更多的土地意味着更大的财富、更强的国力，而通过兼并他国获取土地无疑来得最快。这种兼并又会引发旋涡效应，使得强者恒强，弱者灭亡，最终战国七雄浴血而生。

外无束缚，内有动力，战国情形犹如军阀混战一般，生存困境驱使每个诸侯在战场上刺刀见红，国力也成为裁决诸侯命运的唯一准绳。

故步自封者显然难以自保，于是乎，各国纷纷求变，一批懂变法、会变法的能人被推上历史舞台，独属战国的百家争鸣呼啸而来。

李悝在魏首开变法先河，短短十年间，魏国从上到下焕然一新，成为战国前期的头号强国。

变法重在效果，其目标有且只有一个——变强。这种纯粹的功利主义令各国不拘一格，春秋时代萌芽的百家思想终于迎来春天，各种五花八门的学说也趁机野蛮生长。有研究战国史的学者认为，这是中华文明的黄金时代，也是自由思想的黄金时代。在生存压力下，"中国人的聪明才智被充分调动起来，短短几十年间形成的各种学派，成了后世两千多年间人们反复研究的主题"。

李悝之后，吴起、申不害、商鞅等人接踵而至，各国纷纷掀起变法浪潮。先变的先强，后变的后强，变得彻底的更强，战国七雄都意识到，唯有变法才能活下去。

由此，变法能人的价值被无限拔高，他们群芳斗艳，各施所长，创造了一个个奇迹：籍籍无名的底层可以瞬间飞黄腾达，积贫积弱的诸侯可以迅速称王称霸。由动乱、战争催产而来的变法风口正式来临。

为什么说天下人才半出卫

　　秦二世元年（公元前 209 年）七月，大泽乡（今属安徽宿州）一带的大雨浇灌出中国历史上第一次大规模平民起义。因暴雨耽搁了路程，河南人陈胜、吴广担心"失期，法皆斩"，一不做，二不休，他们举起反秦大旗，揭竿而起，史称"大泽乡起义"。

　　在破窗效应下，六国旧地贵族势力死灰复燃，齐、赵、燕、魏等地相继复国，义军领袖纷纷自立为王。同年九月，楚人项羽随叔父项梁于会稽郡起兵，招募江东子弟八千人，"楚虽三户，亡秦必楚"的预言即将兑现。

　　就在大秦王朝岌岌可危的这一年，西周诸侯之一的卫国终于走向穷途末路。从西周初年立国起，卫国见证过东西周的交替，也曾慑服于春秋五霸的威名，战国七雄逐鹿中原时它作壁上观，山东六国覆灭时它在隔岸观火，直至秦朝灭亡在即，横亘中国历史八百余年的卫国这才隐入尘烟——公元前 209 年，大泽乡起义前后，秦二世将卫国最后一任国君贬为庶民，废绝卫祀，卫国正式灭亡。

仅仅两年后，秦王朝步其后尘，大厦倾覆。

春秋晚期至整个战国，"小弱"都是卫国的标签。所以它屡屡充当历史的见证者而非参与者，谁曾想，这样一个小国国祚如此绵长。

其实，卫国的奇迹不止于此。

后世在研究战国历史时发现，尽管战国七雄你争我斗足够精彩，七大主角霸占着整个时代的盘口，但在激烈的战国的背后，卫国这个破落小国一直在左右着历史车轮，更准确地说，在几乎每个重大历史节点上，我们总能看到卫人的影子。

公元前250年，秦孝文王暴毙，太子嬴异人即位，是为秦庄襄王。二十多年后，庄襄王的儿子嬴政统一中国，两千年帝制由此而始。

吕不韦押宝嬴异人，是助他即位的最大功臣，就连嬴政也是吕不韦贡献的赵姬所生，以至于后世常以始皇帝的身世为谈资。在秦国走向秦朝的路上，吕不韦居功至伟。

吕不韦姜姓吕氏，乃是卫国濮阳（今河南安阳滑县）人。

以吕不韦为代表，卫国风云人物数不胜数。

孔门十哲中的子贡出身卫国，孔子高徒仲由也曾在卫国深耕；战国四大刺客中，卫国独占其二，荆轲刺秦王，聂政杀韩相。卫国人才不但多，而且也不"偏科"，当中既有苟变这样的战国名将，也有许穆夫人这样的巾帼诗人。

《左传》记载："卫多君子，未有患也。"意思是卫国人才济济，不会有什么大灾大难。对此，孔子说得更透彻。有人问他，为什么卫君无道而不亡国？孔子列举了几位卫国人才，称有他们各司其职，护佑国家，卫国怎么会灭亡？

一方水土养一方人，因国风民情差异，战国人才往往也带有强烈的地域特色。梁启超在《中国地理大势论》中就说："燕赵多慷慨悲歌之士，吴楚多放诞纤丽之文，自古然矣。"

燕赵多悲歌，吴楚多放诞，以此类比的话，我们可以说"卫国多权变"。

这与卫国的先发优势相关。

卫国始封于卫康叔，封地为殷商旧地。《荀子·正名》说"刑名从商"，因此，以法治国写进了卫人的基因。《汉书·地理志》总结卫俗："刚强，多豪桀侵夺，薄恩礼，好生分。"因此，殷商的传统深烙国人，使得他们"均重刑法而少恩情"。

刑名之外，卫人因地处中原交通要道，民风崇商重利，《诗经·卫风》有"氓之蚩蚩，抱布贸丝"的记载。卫人会做生意，因此巨富大贾不绝于世，吕不韦便是卫商中的佼佼者。

学者认为，基于以上原因，重刑重商成了卫人的传统，"精于言辞，擅于权变"就成了卫国的国风。后世常说"天下人才半出卫"，所指便是这一国风下熏陶出的变革人才。

卫人太幸运了：三家分晋之后，各国急需变法能人，卫人骨子里的权变基因能使他们快人一步。

但卫人同时又是不幸的。由于母国国弱地狭，舞台逼仄，他们只能远走他乡，在各国间闪转腾挪，以求扬名立万。就像是诗人罗隐笔下的蜜蜂，卫人"采得百花成蜜后，为谁辛苦为谁甜？"

卫国流失的诸多人才中，吴起和商鞅无疑是最耀眼的双星。于商鞅而言，吴起不只是同乡前辈，也是他变法思想的源头之一。

吴起，卫国左氏人，生于春秋战国之交。与商鞅破落贵族的身份相反，吴起少年时期"家累万金"，手里有钱，但头上无衔，为在母国谋得一官半职，吴起上下求索，不惜散尽家财。或许是卫国庙小，容不下这尊真佛，他倾家荡产没换来一顶纱帽，反倒引来一片讥笑。

吴起并非汉初的韩信，后者甘受胯下之辱，终得功成名就。吴起不齿"君子报仇，十年不晚"，向来是"有仇报仇，有冤报冤"。史书记载，面对乡人讥讽，吴起怒不可遏，连杀三十余人。

对铁板一块的卫国，吴起根本爱不起来，杀人算是他与母国的公开决裂，卫国自此不能容他。逃离之前，吴起咬破手臂向母亲起誓："起不为卿相，不复入卫。"

　　仅吴起人生的这小半段就足以一斑窥豹——他是一个功利至死的人，这或许是吴起的天性。更为信服的一种说法是，卫地自古有重商重利的传统，且深受孔门子夏学说浸染。子夏有句名言："仕而优则学，学而优则仕。"这无疑是所有追名逐利者的座右铭，包括吴起在内。

　　后世常将商鞅与吴起作比，不光因二人同出卫国、皆迷改革，单说他们身上的名缰利锁就如出一辙。史书臧否商鞅得官不正时，吴起早已在汗青中遭万人唾骂。

　　吴起干的最出格的一件事便是"杀妻求将"，此事之恶劣放在当时也是骇人听闻的。

　　据《史记·孙子吴起列传》记载，公元前412年，齐国攻鲁，鲁国形势危急。吴起恰好就在鲁国，并已崭露头角。鲁元公想拜吴起为将力挽狂澜，却因一点尴尬犹豫不决。

　　鲁元公的尴尬是人之常情：吴起当时已经成家，妻子是齐人的女儿，等于说，吴起是齐国的女婿，鲁元公当然不放心将军队交给他。

　　面对质疑，吴起选择了一种可怕的自证手段——"欲就名，遂杀其妻，以明不与齐也。"令人难以释怀的一个历史细节是，吴妻当时正卧病在床，她怎么也想不到丈夫那次回家是来取她性命的。

　　手握猩红的投名状，吴起如愿以偿地获得鲁元公信任，"卒以为将"，最终大破齐军，兵圣总算声名鹊起。

　　离开鲁国之后，吴起跻身魏文侯麾下，其亲手缔造的传奇数不胜数，仅一支魏武卒便令各国闻之色变，个人军功更是前无古人后无来者。据史料记载，吴起在魏期间，"与诸侯大战七十六，全胜六十四，余则钧解"，大战七十六场未尝败绩，武德何止充沛！吴起劣迹斑斑，可后世评价他时也无法对其军功视而不见，譬如东汉时期的曹操，他在批评"吴起贪将，杀妻自信"的同时，也不得不承认，有吴起在魏，秦国不敢向东踏出一步。

魏国最终也没能成为吴起的归宿，遭受排挤后他又来到楚国，并力行变法。仅仅五年，萎靡不振的楚国焕然一新。在北方，楚国伐魏救赵，收复了被三晋占领的失地，将势力延伸至黄河流域；在南方，楚国平定百越，占有洞庭、苍梧。吴起治下的楚国"兵震天下，威服诸侯"，如果不是楚悼王病死引发叛乱，导致变法戛然而止，楚国很有可能重拾春秋五霸的荣光。

从时间线上看，吴起死时，商鞅年仅9岁，他们一个身在楚国，一个还在卫国，二人应该没有见过面。但商鞅一定无数次耳闻过吴起的"奇幻人生"，那是一个激愤之下手刃数十人的卫国败家子，也是一个冷血无情不惜杀妻求将的人间恶魔，更是一个战无不胜的变法狂人。

史书虽然浩瀚，却没有留下商鞅点评吴起的只言片语。不过，察其言观其行我们可以确定，吴起之于商鞅绝非前车之鉴，反而更像是珠玉在前，二人名非师徒，却有着过于露骨的师承痕迹。

公元前381年，吴起死于楚人乱箭之下，到死也没能魂归故乡。不久之后，史书的聚光灯再次打向卫国，在那里，商鞅的奇迹正待书写。

商鞅早年有多落魄

7岁左右时，商鞅所在的卫国发生了一件大事。这年，即公元前383年，赵国率大军侵卫，卫国国都帝丘危在旦夕。

这是春秋战国时代常见的小国宿命：因土地逼仄，缺乏战略纵深，且多处大国夹缝之中，强敌侵略几乎可以说是朝发夕至、直逼首都，灭亡也只在数日之间。

据估算，卫国当时面积不过两万平方千米，比今天的北京城大不了多少。为抵御赵军，卫国派兵死守国都八门，他们将城门用土挨个封死，但赵军还是攻破了两道城门，卫国陷入绝境。

与此同时，卫国掌权人卫慎公惶恐异常，也顾不上体面，他"跣行告愬于魏"，连鞋都没穿，赶紧向邻居魏国求援。魏武侯不愿赵国坐大，同意发兵救援，两国合力，终于挫败赵军，卫国转危为安。

所有的礼物都在暗中标好了价格，魏国的这次救援也不例外。作为回报，卫国几乎沦为救世主的附庸，独立性大打折扣。

商鞅这时虽然年幼，但这场亡国危机必定给他留下了难以磨灭的心理阴影。

这并非笔者无中生有的暗自揣测，而是依史据实的合理推断。

商鞅的恐惧源于他身份的特殊性。

商鞅是谁?《史记》称商鞅乃"卫之诸庶孽公子也"，也就是卫国国君侧室所生的公子。卫开国之君康叔是周武王的弟弟，也就是说，商鞅跟周武王一样姓姬。先秦时期常以属地、身份冠于名前，所以他也有"卫鞅""公孙鞅"等称呼，"商鞅"之名则源于商邑，那是他在秦国建功立业后所受的封地。

身为宗室成员，外敌入侵时他必定是恐惧波冲击的第一批人，他要承受家族面对刀兵时的惶恐，以及卫慎公赤脚求救时的不堪。我们甚至可以想象到，国都两道城门陷落后，商鞅身旁可能是一片混乱和嘈杂。此时他还年幼，只能任由恐惧吞噬自己。

时光荏苒，商鞅在不断长大。另一边，弱肉强食的丛林法则下，卫国还在一步步沉沦。

公元前 372 年，赵国再度进犯，夺取卫国七十三个乡邑；公元前 365 年，赵国又夺走卫国部分土地。如果没有魏国的保护，卫国早已万劫不复。

后两次危机发生在商鞅成年、弱冠之际，母国持续衰微，商鞅自己也好不到哪儿去。作为一个小国的庶出旁枝，商鞅此时已从贵公子沦落为普通士人。

此时的商鞅早已不是垂髫小儿，他或许还会恐惧，但魏、赵的大国风貌也一定让他刻骨铭心，难免也会生出艳羡之情。

卫国已是死水一潭、无可救药，先天贫弱的母国是扶不起来的阿斗，再加上商鞅家道中落，根本无力染指中枢，卫国就成了商鞅的绝境。

相对弱的处境会带来思考上的优势，公元前 365 年前后，商鞅终于决定离开卫国。历史作家李存山在《商鞅评传》中这样写道:"当报国无门，残破的祖国已经无医可治的时候，商鞅离开了故土。"

李存山的这番话似乎还有点"忍痛割爱"的意思，毕竟，站在今人的立场，离开本国到外国闯荡，总有那么点"见异思迁"的感觉，至少在"爱国"上品行有亏。

但这只是现代人自作多情的猜测。

春秋战国时期并没有现代国家意识，当时只有"天下""四海"这样笼统的概念。"普天之下莫非王土，率土之滨莫非王臣"，当时的天下共主仍是周王室，诸侯国再多再强，名义上仍是周天子的臣下。

事实上，东周列国也没有鄙夷这种去国离乡的行为，与之相反，各国间还颇有默契地结成一种"客卿风气"，许多声名显赫的翘楚都是客卿出身。例如春秋吴越争霸时，吴国的伍子胥、越国的范蠡，二人针锋相对，代表本国斗个你死我活。但他们既不是吴人，也不是越人，而是楚国的同乡。

战国时代竞争更为激烈，各国对人才的需求更为迫切，不拘一格才能人才济济，所谓的"国籍"也就没那么重要了。

所以，商鞅离开卫国与"爱国"无关，如果非要类比的话，不妨说是去"外省打工"。就这样，没落贵族商鞅离开那个逼仄之地，到了魏国。

商鞅选择这个目的地也在情理之中。

自童年开始，商鞅就屡屡见证了魏国的强大，几次宗室倒悬都由魏国出兵拯救，母国事实上已经沦为魏国的藩属。对商鞅来说，近在咫尺的魏国可不就是"天朝上国"，他难免会心向往之。

根据史书，我们还可以给商鞅找出另一个理由。

司马迁在《商君列传》中说商鞅"少好刑名之学"，这刑名之学就是法家思想，起源于夏商时代的理官。春秋时期，法家学说经由管仲、子产等人发扬光大，及至战国，法家思想已蔚然成风。

战国法家思想的滥觞之地就在魏国。

孔子去世后，其门徒子夏前往魏国西河讲学。身为孔门十哲之一的子夏虽然偏近儒家，但他更注重儒家的"术"，这是一种法化的儒学，所以有"孔子说礼法，曾参取礼，子夏取法"一说。

对战国时代的人来说，孔子已逝，子夏无疑就是孔子的化身，他空降魏国后，各国好学之人蚁聚西河，只为目睹并追随子夏这尊孔门活化石。

子夏活了107岁，门徒众多，他在西河既传授儒家"六艺"，也让法家思想声名远播，最终形成鼎鼎大名的"西河学派"。

商鞅"少好刑名"，卫国又近强魏，所以，他接触的刑名之学极有可能出自西河学派。

魏国既是母国的"宗主国"，又是自己心头所好的发源地，如此说来，商鞅首选不是魏国那才奇怪。

值得一提的是，在普遍早慧的春秋战国时代，商鞅外出闯荡的时机还是太晚了。去往魏国时，他应当在25岁上下，以时人平均寿命计算，商鞅已经蹉跎半生，是该急功近利了。

身为武王后裔，又是卫国宗室，按常理说，他的起点应该不会太低。商鞅本人可能也会着急，毕竟25岁了，如果继续蹉跎，何年何月才能飞黄腾达。

历史跟商鞅开了个玩笑。

史书记载，商鞅的职场首秀不过是"中庶子"，寄身于魏国相国门下。

中庶子，也就是相国的侍从之臣，根据俸禄我们可以判断这一官职的高低。《后汉书·百官志四》记载："太子中庶子，六百石。"秦汉时期，一个县令的年俸是600—1000石，2000石以上算是高级官员。

战国与秦汉官制虽不相同，但也没有天壤之别。

《史记》中的另一处细节也佐证了"中庶子"的卑微：魏相临死之前向魏惠王力荐商鞅出任相国，惠王听完哭笑不得，还对左右说："相国病得厉害呀，真可悲，让我听公孙鞅的，这太荒唐了！"

如果不是商鞅人微言轻，魏惠王怎会发出这样的感慨？

由此可见，作为天潢贵胄，商鞅的起点甚低。方离绝境，又遇逆境，商鞅前途渺茫。

但是，对商鞅来说，在魏国的经历绝非可有可无的鸡肋。在这里，商鞅打开了一个新世界的大门，他不停地学习，不停地见识，不停地思考，变法的新芽就此萌生！

魏武卒的强悍因何而来

来到魏国后，商鞅总算目睹了大国气象，应该也是在魏期间，"变法"二字深深烙进了商鞅的骨血。

原因无他，因为商鞅见证了李悝变法留下的巨额遗产。

商业社会有句名言，"风口站对了，猪都能飞起来"，这话放在变法时代同样适用。战国初期，变法大势山雨欲来，变法人才俯拾即是，踏进风口的诸侯国吃尽时代红利。第一个起飞的便是分晋而来的魏国。

公元前453年晋阳之战后，魏、赵、韩三家瓜分晋国，并很快在分赃方案上达成一致。其中魏国占有最富庶的河东郡，这是原晋国的核心地区，人口和经济总体优于韩、赵。

自古以来，坐地分赃讲究的就是不患寡而患不均，韩、赵两国不可能坐视魏国好处占尽。根据瓜分方案，魏国占有领地、人口上的优势，但地缘形势极为糟糕：魏国领土不少却并不相连，地形和错综复杂的边境线将其领土碎割成多个部分，甚至还存在部分"飞地"。其中最大的河东郡内辖二十三个县，但余下领土"或微逾十县，或五六县，最小者不及三县"。从地图上看，太行山脉将魏国一分为二，东西两边只能遥相呼应，无法攥成一个拳头。更要命的是，其国都安邑地处东郡平原一带，东、南、西、北皆有强敌环伺，危机四伏，魏国所处的正是兵家所说的"四战之地"，凶险至极。

生于忧患，魏国开创之君魏文侯别无选择，只能精进。公元前425年，魏文侯任命李悝为相，首开战国变法图强的先河。

《汉书·艺文志》将李悝所著《李子》列在法家之首，共三十二篇。可惜本书早已失传，史料中只有其在农政、刑法两个方面的变法举措。

简单来说，农政变法就是经济改革（农业改革）和政治改革。

经济方面，为刺激魏国农业大发展，李悝提出"尽地力之教"。这一核心主张当然是针对魏国"地少人多"的现实窘境。

所谓"尽地力之教"，通俗点说就是"地尽其用"，提高农作物的产量，让国人不再朝不保夕，农民有粮，政府田租当然水涨船高，国家便能因此富强。

战国时期没有化肥、农药，李悝为了让农田增产，用的办法也相当原始。

第一条，"必杂五谷，以备灾害"。直至今天，作物发病也是农业难题，两千多年前的魏国农民同样受制于此。李悝给出的办法很简单：单一品种的作物一旦发病容易"全军覆没"，既然如此，那就多种几样，小米、黄米、小麦、豆类都种下去，就像股市中的"分散投资"，鸡蛋不放在一个篮子里，如此一来，覆巢之下也有完卵。

李悝的第二个办法其实就是"空间收纳"。魏国不是地少人多吗？那就充分利用现有土地，尽可能塞进去更多的种子："还庐树桑"——住宅附近种桑树；"菜茹有畦"——菜园里多种蔬菜；"瓜瓠果蓏，殖于疆场"——田埂也别浪费，多种瓜果。

给出增产方法的同时，李悝也担心农民懒惰错过农时，所以又提出"力耕数耘，收获如寇盗之至"，教导百姓要努力种田，收获的时候要有如临大敌的心态。

"分散投资"和"空间收纳"是落到农业实操层面的办法，为了防止"谷贱伤农，谷贵伤民"，李悝又站在宏观调控的角度上提出"平籴法"，其核心便是利用好政府这双有形的手，在收成好的时候以官价籴入农民手里的粮食，收成不好的时候，政府就以平价粜出公粮。

平籴法可以限制粮价的巨幅波动，使得投机倒把的商人无隙可乘，据杨宽《战国史》所说，这"在一定程度上可以防止农民破产和贫民流亡"，其根本目的，"还是在于巩固小农经济，从而富国强兵"。

其实，经济改革在战国乃至春秋都不算新鲜事。比如管仲、狐偃分别在齐国、晋国革故鼎新，两国国力因此大增，一度称霸春秋。

与齐、晋两国在经济改革上的小打小闹相比，李悝变法显然更进一步。

或许是早早意识到经济改革不能孤立进行，李悝对魏国的政治生态也进行了一次清洗。其中至为关键的措施便是"废除世卿世禄制，以功受禄"。

李悝变法的手术刀明晃晃地指向魏国的贵族子弟。在此之前，依世卿世禄制，"老子英雄儿好汉"，父亲是贵族，那儿子也是贵族，爵位头衔子承父业，荣华富贵也能享之不尽。

李悝将这些贵族定性为"淫民"，政治改革的目的便是剥夺这些"淫民"的特权和利益，并用利益招徕"四方之士"，按劳分配、按功分禄。

李悝的改革是颠覆性的，当然会伴随巨大的阻力。基于此，李悝在农政改革的同时，又制定了一套为之保驾护航的法律，这便是著名的《法经》。

《法经》共有六篇，原文已经失传，据现存史料看，李悝充分发扬了法家"重刑主义"的思想，不仅设有各种恐怖的肉刑，还有数量众多的连坐罪行。

法家向来主张"轻罪重罚"，李悝也不例外。例如，《法经》规定，"窥宫者膑，拾遗者刖"，偷看宫殿要挖膝盖，捡别人的东西要砍脚。这些法律条款今天看来严苛到令人匪夷所思。

好在李悝摒弃了"刑不上大夫"那一套，主张的也是"不别亲疏，不殊贵贱，一断于法"。比如《法经》禁止国民赌博，哪怕太子也不例外，太子首犯就轻杖，二犯就重杖，还管不住，那就废掉太子，另换人选。

囿于时代，李悝的变法并不彻底，但他的各项措施仍是创举，再加上魏文侯的鼎力支持，李悝在魏国的变法一往无前。在大变局下，魏国国力一骑绝尘。反映到可量化的现实层面，魏武卒的强悍便是如山铁证。

许多历史爱好者将魏武卒的强悍归于吴起治军有方，这种个人英雄主义的说辞显然有失偏颇。原因很简单，吴起懂排兵布阵，会料敌先机，但他不可能凭一己之力装备一支部队，让他们个个披盔戴甲，更不可能自掏腰包，让士兵为谋军功奋勇争先。

据《荀子·议兵》记载："魏之武卒以度取之，衣三属之甲。"也就是说，魏武卒上身、股胯部、胫部全部覆甲。除甲胄之外，士兵还要"操十二石之弩，负矢五十，置戈其上，冠胄带剑"，由此可见，魏武卒攻防俱备，是拿真金白银砸出来的重装步兵。

都知道"三千越甲可吞吴"的故事，越王勾践举全国之力训练数千甲士便能横扫中原。而魏国呢？他们整整装备出一支数万人的魏武卒。

更为关键的是，魏武卒都是职业军人，不事生产。经过层层选拔入伍的人，还可享受国家提供的各种福利待遇，比如免除全家徭赋租税，还要奖励田宅房产。军人一旦立功，除本人外，家属也能受赏。因此，魏武卒普遍渴望在战场上杀敌立功。据史书记载，一旦有强敌来犯，魏武卒往往自发穿甲戴胄，跃跃欲试，以求建功立业。

凡此种种只说明了一件事：魏武卒的强悍是由国家财政不计成本浇灌而来。这也恰恰证明，李悝变法让境内物阜民丰，所以魏国才有这样的大手笔。

这支虎狼之师让魏国有了傲视群雄的本钱。

公元前405年，以魏武卒为核心的三晋联军大败齐国于龙泽，阵斩齐军三万。第二年，魏武卒又攻破齐长城，齐国震动。

公元前389年的阴晋之战，吴起率5万魏武卒大破秦军50万人，真正创造了以一当十的神话。

得益于李悝变法的长尾效应，魏国如日中天，数十年间，魏军败齐伐楚灭中山，关东五国闻魏色变。西边的秦国刚刚起势，魏国武卒便攻占河西之地，三秦震动。第三任君主魏惠王在位时，魏国国力攀至巅峰，已然是战国的头部诸侯。

魏国的奇迹也炸醒了各国，它们争相效仿，纷纷开始变法。吴起在楚，邹忌在齐，申不害在韩，公孙连在赵，当然，还有商鞅在秦。

只不过，在遇见商鞅之前，秦国也要熬过一段漫长的挣扎。

不在餐桌旁，就在菜单上

公元前 408 年，秦国的朝堂上终于传来了那个坏消息——魏将吴起再度攻占洛阴、郃阳，河西之地全境丢失。

自公元前 413 年魏国大军压境，秦人惴惴不安已有六年，河西彻底丢失后，他们悬着的心总算死去。其带来的结果也是灾难性的：河西易手后，秦国失去东进的唯一跳板，如果不能逆转形势，秦人将被锁死在关中。

毫不夸张地说，秦国输掉的不是土地，而是国运，经此一役，秦国的亡国危机近在眼前。

遥想当年，秦国先祖创业艰难，也曾一度辉煌。

西周初年分封天下时并无秦国，只因擅长养马驾车，周天子将秦国先祖封在秦地，此后数代，秦人为周王室养马的同时，还肩负起对抗西戎的重任。

秦庄公时期他们终于建立了未被官方认可的公国，直至西周灭亡，秦襄公因护送周平王东迁有功才被封为诸侯。

在关东各国眼中，秦国一直是不入流的存在。秦人不是周王后裔，秦国立国又晚，再加上地广人稀，秦人与戎狄长期杂处，这使得秦人一直遭受鄙夷和排挤。

饶是如此，秦人也知奋发图强。秦穆公在位期间（前659年—前621年）励精图治，终于称霸春秋。

可惜的是，对秦国来说，辉煌只是昙花一现，平庸才是日久天长。由于长期落后，文化稀薄，孔子周游列国时都不曾涉足秦国。在很长一段时间内，秦人似乎都在"自甘堕落"。河西之地的丢失，被吞并的压迫，都是这种"自甘堕落"带来的恶果。

战国大变局风暴席卷而来时，各国蠢蠢欲动，魏国洞察变法先机，可秦国这时还在忙着萧墙内斗，国内权臣横行，他们各怀私利、干预朝政，甚至逼死国君——公元前425年，秦怀公遭遇贵族围攻，饮恨自尽。长达半个世纪的"四代乱政"一点点地消耗着秦国国运，直至河西之地丢失，秦人陷入至暗时刻。

"不在餐桌旁，就在菜单上"，这话用来描述战国时期各国之间的关系丝毫不过，而河西之战后的秦国显然不在餐桌旁，而是上了关东强国的菜单。

不想遭受灭顶之灾，秦国就必须有人站出来力挽狂澜。

也许是天缘凑巧，也许是物极必反，四代之乱后，秦国暴雨忽停，迎来了一位锐意进取的能人君主。

这便是秦献公。

因牵扯甚多，战国历史说起来错综复杂，同时，这也是它戏剧性十足的原因。

秦献公也称公子连，本是秦国太子。四代乱政时期，旧贵族把持秦国大权，公子连太子之位被废不说，身家性命也有不测之虞。为了活下去，他不得不逃往魏国，并在那里生活了三十年。

作为秦国的头号强敌，摧残秦国的元凶首恶，魏国竟然成了公子连的庇护所。更为戏剧性的是，公元前385年，年近40岁的公子连撞上大运：为拉拢秦国对抗齐、楚等强国，魏国竟主动支持公子连回国夺权。

就这样，在魏国的资助下，公子连趁着秦国内乱，成功登上宝座。

在魏三十年，公子连亲眼见证了变法使魏国变得强大的全过程，其内心所受的冲击可想而知。所以，初登大宝后，秦献公就迫不及待地追随魏国的变法脚步，为秦国重新洗牌。

秦献公干的第一件大事便是废除人殉。

其实，早在周公旦摄政时期，周王室就已从制度上废除了人殉制度。后来周王室衰微，再加上文化惯性尾大不掉，春秋战国时期人殉制度仍是屡见不鲜。

秦献公之所以对人殉制度耿耿于怀，除了人殉本身残酷无道之外，也是因为他认识到人殉制度严重阻碍了秦国的发展。

原因很简单，与那些以"奴隶""战俘""宫人""姬妾"为主要人牲的殉葬方式相比，秦国的殉葬简直是一种"自我毁灭"。

据《墨子·节葬》记载："天子杀殉，众者数百，寡者数十；将军大夫杀殉，众者数十，寡者数人。"秦武公薨逝后，"从死者六十六人"，为秦国首开恶例，在五十多年后的秦穆公葬礼上，此等规模的殉葬显然无法映衬这位春秋霸主的丰功伟绩，因此，秦穆公死时殉葬者多达177人。

为什么说这是一种"自我毁灭"？要知道，当殉葬成为制度后，除国君之外，但凡有权有势的贵族都会一仍旧贯，几十上百的数量叠加，长年累月的时间堆积，秦国的有生力量得蒙受多少无端损失。

尤为重要的是，秦国还常常要求大臣殉葬，不少能臣干吏因此无端送命。比如陪葬秦穆公的奄息、仲行和针虎，他们是助力秦国称霸春秋的肱骨良臣，后世称他们为"秦国三贤"，因穆公心怀"死共此哀"的愿望，三人便一同陪死。

秦国这一做法不但消耗自身的力量，也会让各国人才望而却步——我来秦国是为了高官厚禄、功成名就，不是为了给国君死后垫背的。

秦献公及时阻止了这种自毁长城的恶习。

当然，秦献公的改革不止于此。废除人殉针对的是秦国落后的风俗文化，在政治、经济领域，秦献公也大有作为。

即位不久，秦献公为打击国内的旧贵族势力，从法律层面确认了土地占有者的所有权。不要小看这一措施，它不光适应了战国的时代需求，也争取到新兴地主阶级和自耕农的支持。为了让这股新力量洗涤秦国的旧生态，秦献公还从中选拔出一批优秀人才，允许他们立功获取爵位。这条上升渠道打开之后，秦国才能真正实现新旧交替。

为了保障改革，秦献公即位三年后便将都城由雍城（今陕西凤翔东南）迁到栎阳（今陕西西安阎良区），此举不但可以远离守旧势力的大本营，还能让秦国的统治中心东移，为秦国东扩夯实基础。

在魏三十年的潜伏让献公的新政策切实可行，他的改革往往能够直指要害。

公元前 379 年，献公仿效魏国引入县制，在边境地区逐步试点，由自己派遣官员代为治理。设县治理可以让君主直接掌控地方，君主集权得以进一步加强，此消彼长之下，宗族、贵族的作乱潜能一点点被蚕食，"四代乱政"的隐忧也将彻底消失。

诸多改革之中，"户籍相伍"制度影响最大。

战国之前，诸侯国内存在"国人"和"野人"之分。"国人"生活在城邑和近郊，他们是诸侯国的统治阶层，享有广泛的政治权利，而且经济义务相对较轻。

"野人"就不同了，他们散居在城邑之外，贡献最多，权利最少，用现在的话来说，他们是妥妥的"被统治阶级"。

"野人"数量众多，却只能卖苦力，种粮食，他们不能参政议政，甚至连打仗都没资格——春秋时期的贵族战争几乎都以各国的"国人"为主力，"野人"不能上阵杀敌。

但是，无论在哪个国家，"野人"都要多于"国人"。

在战国大变局下，"野人"的力量无法再被忽视，统治者需要他们为国输粮，更需要他们同仇敌忾，上阵杀敌报国。

秦国自然也不例外。

公元前 375 年，秦献公重新编制户籍，赋予"野人""国人"同等的权利义务。具体操作上，他将五户人家编成一伍，并载入户籍册。同伍之人互相监督，法律上实行连坐，平时以伍为单位管理治安、征收徭役，战时便从中抽调壮丁"入伍"。

这种军政合一、寓兵于农的制度虽非献公原创，却同样适配秦国国情，它不但能强化统治者对民间的控制，还可以最大限度地激发出秦国的战争潜能。

对重病缠身的秦国来说，秦献公的改革犹如久旱甘霖，那时没有 GDP、人均收入之类的统计，战争可以算得上是秦国新貌最清晰的拓片。

献公改革整整二十年后，秦国终于在战场上扬眉吐气：公元前 364 年，秦国于石门之战中大败魏国，斩首六万，这是进入战国年份后秦国对东方六国的第一次大胜。

两年后，秦军再接再厉，于少梁之战中大破魏军，并生俘魏相国公叔痤。

两次战胜宿敌，秦军初露锋芒，秦国地位直线飙升，武德充沛的秦国硬生生将自己从"战国菜单"上打下，并且跻身七雄之一，坐上了兼大并小的餐桌。各路势力也不得不重新审视这群"化外之人"，就连天子周显王也向秦国示好，他公开封赐秦献公为"伯"，这是春秋时代"霸主"的名号指代。

这当然是花瓶天子的胡乱吹捧，秦国此时并没有称霸战国的实力。数百年来的顽疾让其积重难返，其政治、经济、文化更是全方位落后于关东大国。

接下来，历史的戏剧再次上演，就在同一年，秦国的幸与不幸一起发生了。

公元前 362 年，少梁之战大胜后不久，秦献公与世长辞，享年 62 岁。国君去世，秦国还在，内部旧病也未根除，缺少这个掌舵人，秦国前途未卜，他改革的成果也极有可能付诸东流，一如秦穆公雄霸春秋时的昙花一现。

这是不幸，它显而易见，避无可避。

而秦国的幸运来自一只翩翩扇动翅膀的蝴蝶，它足够隐蔽，不易察觉，只能由历史视角窥见：少梁之战中，秦军大胜魏国，魏相国公叔痤被俘，精神上的重创使得公叔痤迅速病倒，一年后便撒手人寰。弥留之际，公叔痤和魏惠王君臣搭台唱戏，这间接导致了商鞅的出走。

他，要来秦国了！

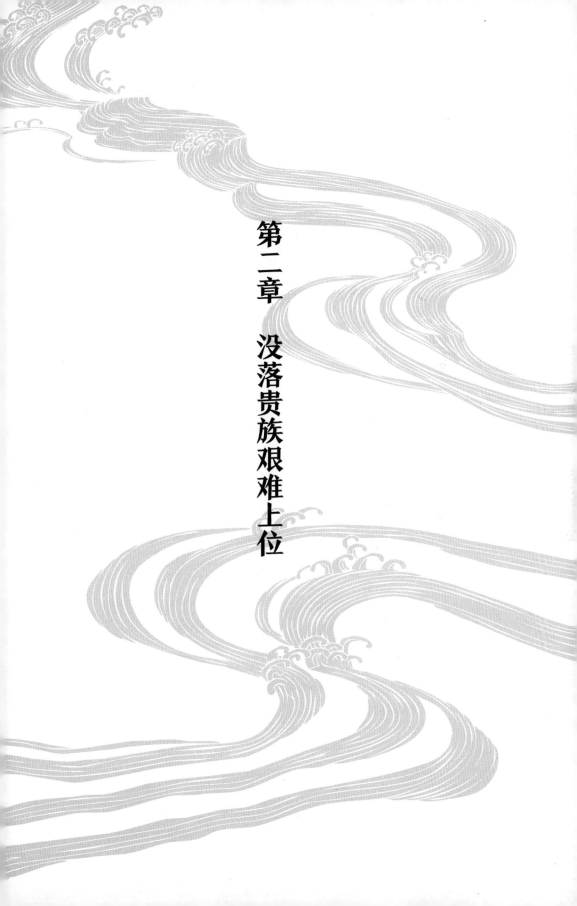

第二章 没落贵族艰难上位

魏国是首个站上变法风口的诸侯大国，李悝、吴起、商鞅都曾在魏国任职。可惜的是，由于魏国有眼不识金镶玉，吴起被迫出走，商鞅也是郁郁不得志。

　　魏国之外，秦国与商鞅的适配度最高。秦孝公为重现春秋五霸时期的荣光，发布了那道著名的《求贤令》，商鞅终于打算离开魏国，他带着李悝的《法经》，西行前往人生的高台。

　　商鞅之于秦孝公，秦孝公之于商鞅，不只是甲方乙方的关系，更是变法能人和变法君主的双向选择，在君臣二人的共同努力下，秦国守旧势力再也无法动摇变法，真正的大变局即将在秦国上演！

轻视商鞅有什么代价

多年以后，被迫迁都大梁时，魏惠王魏莹将会想起相国公叔痤临终前的那番君臣密语，并且意识到自己当年铸下的是何等大错。

以旁观者视角看，错不在惠王一人，魏相国公叔痤也有不可推卸的责任。

公元前 362 年，公叔痤所率的魏军被秦军击溃，自己也深陷敌营做了俘虏。如果不是魏国通过外交手段及时止损，公叔痤恐怕要在三秦了此残生。

败军之将，惭愧难当，谁能忍受这种奇耻大辱？可能是苦闷致病，公叔痤回国不久便病倒在床。

时任国君的魏惠王有些慌神。魏国文武两侯留下的基业在他手上一度如日中天，如今遭遇连败不说，相国还病入膏肓。

趁着探病的间隙，魏王赶紧求仙问路，他问公叔痤："如果你有什么不测，魏国的江山社稷怎么办？"

在魏王眼中，公叔痤不但是贤明长者，更是国之栋梁。父祖两代的能人凋零得七零八落，公叔痤虽说打了败仗，可还是他殊为倚重的肱骨大臣，有知人善任的美名，更有不矜不伐的大度。

浍北之战中，公叔痤击败韩赵联军，生俘赵将乐祚，立下不世之功。面对魏王超高规格的奖赏时，公叔痤却将功劳全部归于他人：士卒一往无前，百折不挠，全赖吴起当年练兵有方，这份荣耀属于吴起；战场上"决利害之备，使三军将士不迷惑者"，是主将巴宁、爨襄的功劳；魏王制定军法，赏罚分明，也是军队大胜的保障。

公叔痤的谦逊让魏王感慨万分，称赞其为"长者"的同时大手一挥，赏赐吴起后人土地二十万亩，巴宁、爨襄每人也受赏十万亩，公叔痤的奖赏更为丰厚，在一百万亩的基础上，魏王又给他加了四十万亩。

这样一个不矜不伐的相国，本不该背上"埋没人才"的黑锅。

早在魏王垂询之前，公叔痤已在心里预备好了答案——除了商鞅，别无人选。大限将至，魏王又开口问了，公叔痤不再保留："痤之中庶子公孙鞅，年虽少，有奇才，愿王举国而听之。"

魏王沉默了。

见国君面露难色，公叔痤知道他不可能任商鞅为相国，本着"不为我所用，必为我所杀"这一原则，他赶紧屏退侍从，并告诫魏王："既然大王不用他，那就杀了他，千万别放他出境。"

魏王口头答应，转头却对左右说出那句话："公叔病甚，悲乎，欲令寡人以国听公孙鞅也，岂不悖哉！"

或许是惜才爱才，或许是秉性良善，公叔痤还是忍不住将这段君臣对话告诉了商鞅，劝他赶紧逃命。

商鞅听完却从容不迫："既然魏王不听你的建议重用我，又怎么会依你所言来杀我？"

直到公叔痤去世，商鞅也没离开魏国。

仅从这段历史切片来看，公叔痤似乎无可指摘，已经点破到这个份儿上，魏王油盐不进，他有什么办法？

但是，后世史家仍然将商鞅出走归咎于公叔痤。《史记·商君列传》中，司马迁认为"公叔痤知其贤，未及进"，言下之意，如果他及时进言，早点挑明利害关系，给魏王更多的时间考察商鞅，这个大才就有可能为魏所用。

笔者赞同太史公的说法，同时认为，在商鞅出走这件事上，公叔痤除了"未及进"之外，还负有"加速商鞅出走"的责任。

史书记载，公叔痤去世后，商鞅听说秦国正在招揽人才，便离魏去秦。乍一看，这跟公叔痤没什么关系，魏王看轻在前，商鞅跳槽在后，都不是他能左右的。

果真如此吗？我们不妨捋一捋时间线：公元前361年，公叔痤病逝时商鞅还在魏国，同年，商鞅听说秦孝公的求贤令，离开魏国。

看得出来，商鞅走得很急。这很难说不是公叔痤的责任：他向商鞅阐明君臣对话，后者必定意识到自己哪怕留在魏国也是机会渺茫，至少短时间内不会受到重用。

也就是说，公叔痤一锤定音，让商鞅彻底死了心。

所以，人才外流，公叔痤难辞其咎。那为什么说公叔痤是"加速商鞅出走"，而不是"迫使商鞅出走"？

原因很简单，魏国两次大败后，头号强国的地位已经摇摇欲坠，魏文侯死后，求贤若渴的风气逐渐式微，逼走吴起便是明证。商鞅身在魏国，郁郁不得志已有数年，他不可能无动于衷。

尤为重要的是，商鞅此时可能已经意识到，魏国存在的先天短板限制了自己的发展。《商君书》里说："四战之国贵守战，负海之国贵攻战。四战之国，好举兴兵以距四邻者，国危。"前面讲过，魏国正是四战之国。在商鞅看来，魏国强敌环伺，自身难保，守成都很艰难，四处出击只会让自己陷入危机。

这样的平台显然存在天然瓶颈，也当是商鞅内心挣扎去留时的一大考量。

据此，我们可以得出结论：哪怕没有公叔痤临终荐贤这段插曲，商鞅也会另谋高就，只是可能没那么急迫。

魏国之后的厄运也证明，商鞅没有行差踏错，他们对人才的糟蹋的确到了令人发指的程度。

比如孙膑，他在魏国惨遭庞涓毒手，去到齐国终于功成名就，桂陵之战、马陵之战更是打得魏国狼狈不堪。比如范雎，他本是魏人，因受猜忌差点丢掉性命，不得已逃到秦国，成为折冲樽俎的外交大师。

哪怕是到了生死存亡的关头，魏国还在内耗：战国四公子之一的信陵君，名声威震天下，秦国一招简单的反间计就让魏王昏了头。猜忌之下，信陵君权力尽失，只能寄情声色犬马，最终含恨离世。十八年后，秦军水淹大梁，魏国灭亡。

魏惠王不是严格意义上的无道昏君，但他也不似祖父魏文侯那般唯才是举，所以商鞅没有成为第二个李悝。《商君列传》记载，第五次河西之战失利后，魏惠王终于意识到这是当年一念之差带来的恶果，心意难平的魏惠王悔之晚矣："寡人恨不用公叔痤之言也。"

问题来了：魏惠王的遗憾具体是指什么？是后悔没用商鞅，还是后悔没杀商鞅？

以魏惠王对商鞅的恨来说，他应该是后悔当年没有痛下杀手。只是历史不能假设，无论怎么说，商鞅出走已成既定事实，远在西陲的秦孝公做梦都要笑醒。

献公死后，秦国短暂中兴，但是即位的秦孝公仍然感受到迫在眉睫的危机：父亲的改革并不彻底，旧势力随时准备反扑；打了几场胜仗，但河西之地还在魏国手中，秦国还是只能困守关中。如何保住成果，并且更上一层楼？这是秦国的当务之急，也是秦孝公继任后的头等大事。

公元前 361 年，秦孝公发布《求贤令》，面向各国招揽人才，并许下承诺："宾客群臣有能出奇计强秦者，吾且尊官，与之分土。"

同年，商鞅入秦……

为什么说商鞅与秦国是天作之合

先秦诸多文章中，秦孝公的《求贤令》非比寻常。其特殊不只体现在其招贤价值上，就文章本身而言，它有着严肃史料中不可多得的真情流露，又因出自君王更显难能可贵。

先来看看秦孝公是怎么说的：

昔我缪公自歧雍之间，修德行武。东平晋乱，以河为界。西霸戎翟，广地千里。天子致伯，诸侯毕贺，为后世开业，甚光美。会往者厉、躁、简公、出子之不宁，国家内忧，未遑外事，三晋攻夺我先君河西地，诸侯卑秦，丑莫大焉。献公即位，镇抚边境，徙治栎阳，且欲东伐，复缪公之故地，修缪公之政令。寡人思念先君之意，常痛于心。宾客群臣有能出奇计强秦者，吾且尊官，与之分土。

诏令开头，秦孝公追忆秦国穆公称霸时代的荣光，"天子致伯，诸侯毕贺，为后世开业，甚光美"。对秦国统治阶层的无道他也没有避讳，直言四代乱政导致国家内忧，根本无心对外。

对秦国的现状，孝公也坦荡交底，自从魏国夺走河西之地，"诸侯卑秦，丑莫大焉"，诸侯都看不起秦国，丢人丢到家了。

这样的话出自堂堂一国之君，可见秦孝公求贤的决心。

文中最动人的一句是"寡人思念先君之意，常痛于心"，这等于剥开赤裸的内心并给天下人看，毫无隐瞒，毫无保留。

真诚是唯一的必杀技，《求贤令》力证了这句话的含金量。

史书记载，商鞅听闻秦孝公"求贤者"，"乃遂西入秦"，因果关系一目了然，或许是被孝公的真诚打动，或许是对裂土封官心驰神往，商鞅最终选择了秦国。

撇开商鞅的个人考量不说，战国七雄中，秦魏两国与商鞅的适配性无疑是最高的。

魏国就不必说了，商鞅"少好刑名之术"，李悝一直都是他的精神导师，既然李悝变法能让魏国改头换面，那商鞅所学必定也是魏国所需，不然公叔痤也不会临终荐贤，推举商鞅为相国。

如果魏惠王知人善任，商鞅留在魏国的概率极大。

魏国之外，最适合商鞅的应该就是秦国。

长久以来，秦国地处西陲，受东方各国歧视，哪怕是在称霸春秋的秦穆公时期，列国会盟时都将秦国排除在外。

百家争鸣的战国时代，秦国就如同文化荒漠。商鞅变法后，秦国逐步称霸，可这时人们对秦国文化的评价还是很低，荀子说"秦地无儒"，李斯也坦言，"士不产于秦"。

文化上几乎白纸一张的秦国受周礼影响极小，所以他们才会大张旗鼓地恢复人殉。与其他地处偏远的诸侯国相比，秦国并没有在摆脱"蛮夷标签"上付出过多大努力，甚至还有点儿敝帚自珍的嫌疑。

这点上秦国与其他"蛮夷"截然不同。比如楚国，跟秦一样地处"蛮夷"之地，但他们却不甘现状，历代国君都在积极融入中原文化圈。

公元前706年，楚伐随，随国说"我无罪"。楚武王熊通这样解释自己的目的："我蛮夷也。今诸侯皆为叛相侵，或相杀。我有敝甲，欲以观中国之政，请王室尊吾号。"

依楚王所说，他攻打随国的目的只是参与中原政事，让周王室尊重自己的名号，借此摆脱"蛮夷"的戾名。

事实也证明，楚国一直在不懈地吸收中原文化，并最终摘掉"蛮夷"标签，成为战国七雄中的礼乐之邦，战国末期更是催生出屈原这样的文化巨擘。

而秦国呢？他们曾短暂地向往过中原的诗书礼仪，至秦穆公时期，他发现诗书礼乐法度导致中原混乱不堪，而看似落后的草原文化反而拥有极强的凝聚力，他们上下一心，团结异常，军队也有不俗的战力。

秦穆公后来不再致力于向中原发展，而是吞并大量羌戎人口，并吸收草原文化，最终"益国十二，开地千里，遂霸西戎"。

历史学者张宏杰认为，与西戎的融合，给秦人的躯体注入更多的粗犷和野蛮，决定了秦人狼一样的性格。他进一步得出结论："战国七雄中，秦国也是最功利的，只求物质利益，不重精神价值。"

还记得第一章中讲过的卫国国风吗？卫地民风崇商重利，精于言辞，擅于权变，有着极强的功利主义色彩，商鞅对物质和功名利禄的追求也是屡屡见于史料。

秦国与商鞅，在这一层面算是对了味。

此外，因秦献公的改革，商鞅与秦国，还有变法思想上的耦合。

秦献公流落魏国三十年，深受李悝变法的影响，在任期间的改革也有致敬李悝的痕迹，从这点上来看，商鞅与献公师从一脉，必定是继承并发扬献公遗志的绝佳人选。

上面说的两点都是商鞅思想与秦国社会的适配，其实，对商鞅来说，选择秦国还有现实层面的利好。

这个利好便是"秦孝公"。

古今中外的变法或多或少都冒犯既得利益者，这股强大的反对力量会掣肘甚至中断变革，许多变法能人也因此不得善终。以吴起在楚国的变法为例，仅仅五年时间，楚国的变化翻天覆地。但是，楚悼王的突然离世让大好势头戛然而止，最终变法成果没保住，吴起本人还送了命。

与之相反，魏文侯执政长达五十一年，李悝在魏国的变法也整整持续了三十年，魏国兵强国富，李悝也得以善终。

变法需要权力保障，更需要时间发酵，一个强力且长青的国君无疑能让变法一以贯之。

秦孝公满足这一条件。

得益于父亲的改革，秦孝公已经掌握了秦国的绝对权力，旧贵族的势力虽然不可小觑，但已经没有四代乱政的隐忧，国君足够强力。

人的寿命难以预测。但是，考虑到秦孝公即位时才21岁，既不会主少国疑，也不是老迈昏聩，忽略意外、暴毙等因素，秦孝公的预期寿命足以支撑变法成势。而且，相比中老年人，年轻一代更趋向于励精更始，头脑束缚相对较少，这也是大众的共识。

战国大变局下，能人与诸侯国的双向选择既是赌国运，也是赌个人的命运。商鞅之于秦国，秦国之于商鞅，无论在思想层面还是现实层面都能丝丝入扣，既然二者的相逢是时代变局下的机缘凑巧，那么称其为"天作之合"也就恰如其分了。

如何打动你理想中的伯乐

潜龙在魏似乎熬尽了商鞅的耐心，初到秦国，他便开始奔走钻营，求一条上位捷径。不知用什么手段，他搭上了秦孝公的宠臣景监。朝中有人好办事，商鞅借此跳过烦琐的招贤流程，坐上了直通龙门的快车。

这件事也成为商鞅的人格污点之一。

其实，"举荐"本就是春秋战国时期惯常使用的人才选拔制度，各国都有举荐能人的传统。例如春秋时期鲍叔牙举荐管仲，后者从微贱商人直接跃升为齐相，助力齐恒公称霸中原。秦地也不乏为国举贤的佳话，秦穆公经人荐举发现了年逾七旬的百里奚，这才有了五羖大夫的传奇。

商鞅上位的原罪不在于"举荐"，而在于"经谁举荐"。

如果商鞅的引路人是鲍叔牙、公叔痤那样的贤臣，那他必定不会遭受如此之多的非议。可惜的是，商鞅打通的天地线只是一名宠臣，而且极有可能是个身体残缺的"阉人"。

商鞅在世时，秦国隐士赵良就批评他"因嬖人景监以为主，非所以为名也"，司马迁也指责商鞅"因由嬖臣"。如果把"嬖臣"简单理解为"宠臣"似乎不能解释他们对商鞅的鄙夷。所以，后世一些人在"景监"二字上望文生义，认为这个宠臣就是一名姓景的太监。

问题是，战国时期并无"太监"这一称呼，《史记》成书于西汉，当时也没有"太监"这个说法。但这并不能洗清景监阉人身份的嫌疑，因为司马迁后来又提交了更直接的证据。

遭受宫刑后的太史公痛不欲生，在《报任安书》中，他写下了这样一段话：

> 故祸莫憯于欲利，悲莫痛于伤心，行莫丑于辱先，诟莫大于宫刑。刑余之人，无所比数，非一世也，所从来远矣。昔卫灵公与雍渠同载，孔子适陈；商鞅因景监见，赵良寒心；同子参乘，袁丝变色：自古而耻之！

宫刑让一个正常男人丧失尊严，司马迁认为这是奇耻大辱，并列举了时人对雍渠、景监、赵谈三人的不齿。雍渠和赵谈的宦官出身确凿无疑，景监名列其中，身份可想而知。

靠一个受阉的宠臣上位，这段经历的确不怎么光彩。但是有头发谁愿意做秃子呢？商鞅初入秦地，一无盛名，二无圈子，不钻天打洞倒显得他不求上进了。

不管怎么说，借由宠臣的推荐，商鞅如愿以偿地上达天听，来到至关重要的面试环节。

这是一次"双盲考核"。

见面之前，商鞅对秦孝公的了解仅限于"求贤令"，而秦孝公也不知道商鞅的底细，他大概能从景监那儿知道商鞅的卫国贵族出身以及其短暂依附公叔痤的经历，但商鞅为人、口才、学识如何，秦孝公应该是无从了解的。

就这样，两个对彼此一无所知的人开启了秦国历史上最重要的一次会面。

心理学上有个首因效应，强调的是交往双方形成的第一次印象，即"先入为主"的心理效果。今天的求职者找工作时也知道要给面试官留下好印象，打扮追求光鲜，谈吐尽量得体，这是因为大家默认第一印象举足轻重。

遗憾的是，商鞅搞砸了与秦孝公的初次会面，他表现得像个职场"菜鸟"。面对孝公时，商鞅侃侃而谈，哪怕对方已经昏昏欲睡，他还是兴致勃勃。孝公就像上了一堂腻味的学术课，还不好驳商鞅的面子，只等话痨商鞅说完，他才将怒气撒到中间人身上，责备景监说，"子之客妄人耳，安足用邪"，你这给我介绍的都什么人啊，根本不能用。

景监的面子挂不住了，他毫不客气地将这盆冷水回泼给商鞅。

如果商鞅见硬就回就不会有后面的故事了。事实上，商鞅胸有成竹。他告诉景监，这次跟孝公讲的是"帝道"，但君上现在还领悟不了。言下之意，我还有真本事没拿出来。

何谓帝道？帝道就是儒道两家青睐的尧舜之道。《庄子》说："天道运而无所积，故万物成；帝道运而无所积，故天下归。"其最大的特点是无为而治，正如孔子所说的"君道无为""垂裳而治"，《论语》中更具体的表述是"谨权量，审法度，修废官，四方之政行焉。兴灭国，继绝世，举逸民，天下之民归心焉"。

这套治国理论本身没什么问题，可秦孝公是要继往开来的野心君主，再加上战国弱肉强食，这一套明显不合当时情境，不要说秦国，就是其他诸侯国也不敢贸然采用。

一击不成，商鞅又拜托景监再次引荐。五天后，他得以二次面见秦孝公。这次商鞅不讲"帝道"，改讲"王道"，也就是商汤文武的治国政风。孟子说过，"以德行仁者王"，"王道"行的是儒家推崇的仁义道德。

没承想，秦孝公这次还是兴趣不大，不好对商鞅发作，他又将景监责备一顿。

也不知道商鞅给景监吃了什么迷魂药，他竟然答应再次引荐。都说事不过三，留给商鞅的机会不多了。

第三次会面，商鞅总算撬开了一点缝隙。他向秦孝公陈述了"霸道"，也就是春秋五霸的治国方法。

秦孝公做梦都想重现先祖秦穆公的丰功伟绩，商鞅这次开对了药方，秦孝公怦然心动，甚至迫不及待地安排下一次会面。

看起来，商鞅似乎摸清了秦孝公的脉门——这是一位野心勃勃并且急功近利的年轻君主。用商鞅的话来说，秦孝公是个心急的贤君，"安能邑邑待数十百年以成帝王乎？"

第四次会面，商鞅点破"诸侯力政，争相并"的天下大势，将毕生所学和盘托出，为秦孝公指出一条"强国之路"。对症下药的迎合彻底俘获了秦孝公，交谈过程中，孝公如沐春风，身体也不知不觉地往商鞅这边靠，并且连连赞许。此后，二人频繁面谈，以致数日不厌，乐此不疲。

秦孝公终于打算任用商鞅。

整整四次会面，商鞅这才鱼跃龙门。在《史记·商君列传》中读到这段故事时，笔者甚至怀疑这是太史公为求"历史可读"而杜撰的私货。原因很简单，以今人的视角来看，商鞅上位的过程太悬了，几个要素缺一不可。

首先当然是谜一样的景监。史书对商鞅的这位伯乐并无太多着墨，只知道他是秦孝公的宠臣，当过副将和国尉，大概率受过宫刑。

为什么景监在连续遭受责备后仍然相信商鞅，不厌其烦地给予其帮助？有人猜测商鞅可能赂以重金，毕竟拿人手短，事没办成就撂挑子不管的确说不过去。也有人认为，在举荐商鞅之前，景监就已被商鞅的才华折服，出于惜才爱才之心，他才不顾一切地为国举贤。这个说法并非没有例证，秦末群雄逐鹿时，萧何冒着"背主"的风险月下追韩信，也是为了给汉王留下这位旷世奇才。

这些猜测虽没有史料支撑，但也无伤大雅，它们可以让历史的留白处变得精彩纷呈。

有了景监这个死心塌地的引路人还不够，秦孝公的耐心也是商鞅得以发光的主因之一。孝公的耐心当然不是凭空而来，从《求贤令》中可以看出，孝公足够真诚，也不乏谦虚，更有雄心壮志。因秦国地处偏远，本土人才凋敝。如果把孝公比作一家创业公司的老总，这种自虐式的面试就不算什么了，这种情况下，"宁可错用一千，也不放过一个"可能是最佳的揽才手段。

当然，最大的变量还是商鞅自己。

初谈帝道，又说王道，最后才祭出霸道，商鞅学识渊博、涉猎广泛是不容置疑的。正因如此，后世有人批评商鞅没有定见，不管树上有没有枣子，先上去扑一竹竿，是典型的投机行为。这就把商鞅比作了一个"唯结果论"的销售，只要能让客户买单，他总能掏出一款你喜欢的东西。

商鞅出身卫国，卫地商业氛围浓厚，而且也有"擅于权变"的声名，如此评价他并不离谱。这一观点认为，如果秦孝公在头两次会面时采纳"帝王之道"，那商鞅就不会再谈什么霸道了。该观点进一步设想，如果秦孝公采纳"帝王之道"，变法起效可能没那么快，但至少能够长治久安。

但是，这一观点显然忽略了另一个重要事实：商鞅虽然出身卫国，但其"少好刑名之术"，成年之后又在魏国潜伏多年，深受李悝、吴起等人变法的影响，进入秦国时他随身所带也是李悝的《法经》，史书并没有记载他与儒道两家的牵扯，这说明，商鞅极有可能是个纯粹的法家弟子。

基于此笔者认为，商鞅自己也不认可"帝王之道"，在兼大并小的激烈战国局势下，这一学说本身也丧失了扎根现实的土壤。商鞅的目的就是推销法家思想，所谓"帝道""王道"不过是商鞅对秦孝公的试探，正如司马迁的所言，商鞅以"帝王之道"游说秦孝公不过是"挟持浮说"。对此，清人严万里说得更为具体，他认为，商鞅清楚帝王之道的虚妄，半遮半露不过是迂回进军，目的是"假迂远悠谬之说，姑尝试之，而因以申其任法之说"。言下之意，商鞅只不过是用帝王之道做幌子，试一试秦孝公，最终也是为了抛砖引玉，兜售更为强硬的法家思想。

这番话揭开了一个隐藏在史书中的细节：商鞅与秦孝公的那次君臣会面绝非甲方对乙方的单向选择，作为求职者，商鞅也在用一种特殊的手段考察秦孝公，验证秦国这个平台能否适配自己的野心。

再看看商鞅与孝公初次会面后对景监说的那句话吧："且贤君者，各及其身显名天下，安能邑邑待数十百年以成帝王乎？"商鞅说秦孝公野心勃勃，不愿意为称王称霸等上几十、几百年。

其实，何止秦孝公等不及，商鞅也没有那样的耐心，他要的何尝不是"其身显名天下"。就这样，在历史的撮合下，两个急功近利的人终于走到了一起……

商鞅是怎样让守旧派闭嘴的

虽然看起来急功近利，但在牵一发而动全身的变法问题上，秦孝公和商鞅都保持了极大的克制。自入秦那年算起，君臣二人韬光养晦了整整两年。

个中缘由很容易想通。一方面变法乃国之大事，需要时间酝酿和准备，不可能一蹴而就；另一方面，变法在于革新，在于对旧有政治和社会生态的清洗，这势必会侵蚀国内的旧势力的权利，破除这些阻碍也需要时间。

作为变法的推动者，秦孝公当然希望秦国能够上下一心，让将来的变法能够事半功倍。同时，变法之君也怕悠悠众口，也怕积毁销骨。

于是就有了那场著名的"御前辩论"。

辩论的正反方是秦国的新旧两股势力，正方以商鞅为代表，他主张力行变法，让秦国急速富强；反方以大夫甘龙、杜挚为首，他们属于秦国内部的守旧派，也是强烈抵制变法的上层建筑。

《商君书·更法》详细记录了这次辩论的全过程，这段内容也是《商君书》的开篇之作。

作为本场辩论的裁判，秦孝公早已先入为主地支持商鞅，但他也有顾虑，所以才策划了这场辩论。

辩论开始，秦孝公开篇明义："现在我想变更旧法来治国，改变礼制来教化百姓，但还是怕遭受天下的非议。"

秦孝公这时才二十出头，新君即位不久，资历威望都还不够，当然需要高层的支持，所以，"恐天下之议我也"更准确的翻译应该是"担心你们这些人的反对"。

正方商鞅立马接话，他滔滔不绝地讲了一堆，核心观点是"疑行无名，疑事无功"，国君应该早下决心，不要在乎别人怎么看你。

从商鞅的这段话中，我们大概可以了解其价值观。商鞅说，"民不可与虑始，而可与乐成"，之后又补充了一句"圣人苟可以强国，不法其故；苟可以利民，不循其礼"。

第二句话的意思很简单，只要可以强国，可以抛弃旧有制度；只要让百姓得到好处，也没必要遵循旧的礼制。这是典型的实用主义观点。

至于"民不可与虑始，而可与乐成"一句则是后世批评商鞅的证据之一。这句话的意思是，不能跟老百姓去讨论开创某件事，只能在事情办成之后跟他们一同庆祝。商鞅言辞中对人民的轻视当然会冒犯到许多人。

这话倒是对秦孝公的胃口，商鞅陈述完毕，他忍不住赞叹："善。"

发言权来到守旧派这边。

首先上场的是大夫甘龙，他开门见山地表明自己的观点，"不是这样的"，随即便以"圣人不易民而教，知者不变法而治"的古训为核心，表示安常习故官吏才能驾轻就熟，百姓也不受折腾，如此一来成就功业就是水到渠成的事。

为了让秦孝公慎重考虑，他还不忘附带一句轻微的恐吓："如果抛弃秦国传统而变法，我怕天下人还是会议论国君你啊！"

甘龙的话没什么新意，在此之前，在此之后，历朝历代抵制变法的人都是这样一套说辞，什么"祖制不可违"，什么"成法不可变"。

商鞅的辩才当然一流，他敏锐地觉察到对方话语中的破绽：甘龙的话默认了正确的道路只有一条，这太绝对了。

商鞅接过话茬，说对方是"世俗之言"，并且针对性地提出自己的论据——"三代不同礼而王，五霸不同法而霸。"意思是，夏商周三代礼制各不相同，却都能称王天下；春秋五霸的治国方式各不一样，却都能冠绝诸侯。

甘龙不是说秦国的旧法最好吗？那怎么解释别人的辉煌！商鞅还有话外之意：如果秦国旧法最好，那为什么到现在我们还是个二流诸侯？

对甘龙这样迂腐的大臣，商鞅也不客气，陈述到最后，他甚至搞起了人身攻击，说"拘礼之人不足与言事，制法之人不足与论变"，简而言之，我跟你辩论是夏虫语冰，犯不上。

下文果然没了甘龙的声音。

反方二辩杜挚见商鞅占了上风，试图扳回一局。吸取甘龙自露马脚的教训，杜挚干脆只引用广为流传的观点，以此证明循古无错。

杜挚的观点如下："我听说，没有百倍的回报就不要变法；没有十倍的功效就不要更换工具。我还听说，效仿古代制度不会有错，遵循旧的礼制更不会有偏差。希望君上能好好考虑我说的话。"

商鞅见杜挚重弹甘龙老调，还搬出道听途说的古训来，他也就不再客气，上来就是两句反问："前世不同教，何古之法？帝王不相复，何礼之循？"以前的朝代制度都不一样，该去效仿哪一家呢？古代帝王的法度也不尽相同，又该遵循哪一种？

接下来，商鞅将实用主义的价值观阐释得淋漓尽致："礼制和法令都要根据实际情况来，要顺应当时的社会，就像制造兵器、铠甲、器具等装备，都得方便使用才行。"

随后，商鞅抛出来那句著名的法家名言——"治世不一道，便国不法古。"通俗点说，商鞅也认为，不管黑猫白猫，只能要抓住老鼠就是好猫。

反方哑口无言。

从商鞅的这些观点中我们可以看出，他的确是个实用至上的人，不拘泥于任何形而上的条条框框，坚持认为只要能拔脓的就是好膏药。

实用主义有其自身的局限性，比如实用主义带来的"唯结果论"，它"不看最先的东西，只看最后的结果"，这势必会让许多有价值、有意义的过程被忽略。

这是题外话。

改革派和保守派的唇枪舌剑到此为止。从气势上讲，商鞅赢得很彻底。甘龙、杜挚的观点放在当时也显迂腐，而且二人压根儿没有猜中秦孝公的心思，这本是可以避免的：秦孝公在《求贤令》中痛彻心扉，为求强国不惜一切代价，这已经是明明白白地昭告天下——我不是守成之君。

果不其然，商鞅陈述完毕后，秦孝公果断表态，"善"，再次给商鞅点赞的同时，还把两位不堪一击的大臣揶揄了一番："我听说见识浅短的人少见多怪，肚子里没什么学问的人喜欢争辩。"

话说到这个份儿上，谁都知道国君变法的心意已定，八匹马也拉不回来了。

这场御前辩论意义非凡，它不光再次证明了商鞅的才华和智慧，也让守旧势力彻底死心。在秦孝公拍板之后，秦国的决策层已经做好了变法的思想准备工作，只待一声令下，一场翻天覆地的制度革命便会席卷而来。

商鞅也不只是在辩论场上逞口舌之利，在君臣大辩论之前，他无时无刻不在钻研李悝的变法样本，入秦时带来的那本《法经》不知道被他翻了多少遍，以此为模板，历时两年，商鞅终于为秦国打开了变法的第一道门禁。

公元前359年，秦孝公命商鞅在秦国颁布《垦草令》，正式拉开了商鞅变法的序幕。

贰

通时合变：推翻现实以迁就制度

第三章　理想主义的头，现实主义的手

钱穆说："革命的本质，应该是推翻制度来迁就现实的，绝非是推翻现实来迁就制度的。"但商鞅在秦国的变法极其彻底，已近乎推翻现实以迁就制度。在现实主义者商鞅看来，能拔脓的就是好膏药，不管白猫黑猫，能抓到老鼠就是好猫。

商鞅着眼于现实、立足于现实，所以，他在秦国做的第一件事就是"生力"。在那个纯粹的农业社会，农业是生力的核心手段。因此，商鞅的重农政策非常极端，他让所有人去垦荒，逼所有人去种田。当然，商鞅也敏锐地察觉到旧的生产关系无法突破瓶颈，于是，一场颠覆性的农业改革又在秦国拉开帷幕。

能拔脓的就是好膏药

变法之前，秦国官府失信于民，百姓深惮各种政令。对商鞅来说，这种底层环境对变法极为不利，百姓不相信政府，那么变法就极有可能变成一场自娱自乐的高层表演。

于是商鞅导演了这么一出徙木立信：

那天，商鞅命人在国都栎阳南门闹市区立下一根三丈长的木头，同时广而告之：只要有人能将木头移到北门，重赏十金。

闹市区出了这么件新鲜事，附近的人一定会过来围观。干这么一点活儿就给十金，围聚在木杆附近的百姓只觉得奇怪，没人敢上前试试。

见众人无动于衷，商鞅继续加码，只要能搬到北门，给五十金。

终于有人鼓足勇气接下这份差事。毕竟五十金的悬赏太过丰厚，而且就算商鞅没有兑现承诺，只是搬一根木头，身上也不会少一块肉。

等到那人将木头搬到北门，商鞅立刻照付五十金。

徙木立信的意义非比寻常，在国都闹市区的这场自证实验很快便能发酵，群众之间的口口相传势必能让商鞅不言而信，商鞅用这种简单明了的方式昭告社会：有功必赏，有过必罚。

鲜为人知的是，徙木立信并非商鞅原创，而是吴起担任魏国西河郡郡守期间的创举，商鞅几乎完全照搬了吴起的经验，只是车辕换成了木头，北门换成了南门。吴起赏赐的是田地和住宅，商鞅则兑现成金钱。

据《韩非子》记载，吴起"徙辕立信"后，当地百姓无不争先立功，仅用一个早晨的工夫就攻下秦国的哨岗。

前文中我们说过，商鞅的作风可以归结为实用主义，一切以效果、功用为标准，并且看重经验的价值。商鞅在秦国的变法的确是大姑娘上轿头一回，他反对一切循古，却并不拒绝前人的成功经验，只要能拔脓，那就是商鞅心目中的好膏药。商鞅同时也足够幸运，与他同处一个时代的诸子百家和变法先贤是取之不尽的灵感源头，对"徙辕立信"的借鉴只不过是商鞅博采众长的一处缩影。

第一次变法时，商鞅直接用上了"拿来主义"。从魏国带来的《法经》经由李悝实践，价值早已自证。那时候没有知识产权的说法，商鞅把"法"改成"律"，改头换面后直接在秦国境内颁行。

文本照搬李悝，思想也追随李悝。商鞅变法的核心在"农战"，鼓励农业生产，拔高军功价值。这与李悝的"农政"思想如出一辙。

除了变法的整体思路，商鞅在细枝末节上也有拾人牙慧之举。例如后世常常诟病商鞅的"利出一孔论"。

所谓利出一孔，就是功名利禄出自一个渠道，这样国家便能垄断利益分配，人民想要过得更好，就必须仰仗君主的恩赐，如此一来，不管是驭官还是驭民，君主都能做到游刃有余。

利出一孔在近代遭受了极大的批判，有人认为这是"中国历史上最邪恶的发明"。商鞅被认为是利出一孔的始作俑者，许多戾骂贬低也因此而来。

的确，《商君书》有"利出一孔，则国多物；出十孔，则国少物"的记载。但是利出一孔并非商鞅思想的原创，早在春秋时期，齐国的管仲学派就提出了这一观点。其代表性著作《管子》中也有这样"危言耸听"的论述："利出于一孔者，其国无敌；出二孔者，其兵不诎；出三孔者，不可以举兵；出四孔者，其国必亡。"

笔者无意争辩利出一孔的利弊，只说思想传承。管仲作为齐地法家的领头羊，距离商鞅年代久远，《商君书》和《管子》在"国家垄断主义"上却能不谋而合，这说明管仲也是商鞅的调色板上的颜料之一。

由此可见，商鞅的"实用情结"根深蒂固，不管你是年深日久，还是近在眼前，只要利于当下便可为我所用。

因同频而认可，因认可而借鉴，在商鞅眼里，任何经验只有能用和不能用的区别。为了见贤思齐，他甚至不惜否定自己，最典型的例证便是商鞅变法中对"私门请托"的禁止。此外，《商君书》中也有相关论述。比如《壹言》提出国家政令要统一，民众要专心从事农战，为达到这一目的，最好的办法是"开公利塞私门"，也就是堵住私门请托这条路。《君臣》也强烈批评靠游说、依附权贵等捷径获利的人。

吴起在楚国变法时，为肃清吏治，整顿官场歪风邪气，曾颁布政令"塞私门之请，一楚国之俗"。吴起在前，商鞅在后，《商君书》显然又是在效仿吴起，但这不是重点。重点是商鞅初入秦国时就走了后门，他正是靠私门请托，经宠臣引荐才得以上位。

《商君书》反手就要将这条路堵死，这不是等于告诉天下人，我当年做错了，你们以后别这么干。商鞅这么做像极了"过河拆桥"，但他的立意仍是服务于国家。并且商鞅犯禁是在变法之前，用现代法律术语来说，这叫法不溯及既往，以此为由显然无法诘难商鞅。

实用主义走到尽头便是极端功利主义，商鞅本人不一定是追名逐利之徒，但自入秦以来，他踏出的每一步都紧盯目标。对商鞅来说，秦国是一块绝佳的画板，方便勾画出他心目中的理想国度，而配合他那理想主义大脑的，正是那双无所不用其极的现实之手。

以游戏视角打开商鞅变法

《南方周末》刊发过一篇名为《系统》的特稿，该文刊发于2007年，出自知名深度报道记者曹筠武的手笔。

《系统》全篇围绕《征途》这款游戏展开，十个虚拟的国家在游戏中厮杀，各国所属的玩家想要在战斗中获胜，只能不停地打怪升级，当然还有氪金（充值）。

文中说："你也可以不花钱，如果什么都不做，只是待在游戏里的话，系统不会向你收取一分钱。但很快你会发现，你连荒地里的一只蚊子都打不过，你的活动空间甚至仅限于出生地，一个叫'清源村'的小村子。"

曹筠武写道，系统会不停地挑起战争，各国只能应战，而胜利女神"青睐献祭更多金钱的一方"。

这像极了战国时代的群雄争霸，如果我们以游戏视角来看商鞅变法，其底层逻辑会变得清晰无比。

变法之前，商鞅所在的秦国只是个二流诸侯国。文化贫瘠，人口稀少，领土不算狭窄，但核心区域只有关中平原。商鞅所处的战国时代也有一个"系统"，那就是弱肉强食的丛林法则，无须任何挑唆，对大国来说，兼大并小就如同吃饭喝水一样寻常。

和游戏里一样，如果某个国家不充值、不发展，或者说因积贫积弱导致尾大不掉，无力改变现状，那么其命运就如同游戏里的素人一样，可能连"一只蚊子都打不过"，任由他人欺凌蹂躏。

从这个角度看，战国的变法浪潮皆是在生存压力下做出的应激反应，其目的都是提升国力。

各国都在谋求富国强兵，资质平平的诸侯国以图自保，头部诸侯国则梦想称霸天下，"和平主义"在战国是没有生存基础的。

《系统》一文中，主角吕洋是楚国的女王，她将"女性的温婉带到了对国家的治理之中"，自认为是一个"和平主义者"，她"很少主动攻击别国，更喜欢带着臣民消灭怪物，或者经营骆驼商队"。

但游戏系统不会任由玩家和平共处，在这个虚拟世界里，"系统"会主动安排战争，你不想打，但别的国家提交战争申请你就必须应战。在这里，"和平受到鄙视，战争受到推崇"。身处虚拟世界的国家一旦战败，其国库中的财富便会被洗劫一空。

这与战国时代的激烈竞争如出一辙，为了避免失败，诸侯国别无选择，只能选择强大。

商鞅变法也没有挣脱这个底层逻辑，所以，其变法的首要目标也是"富国"，用游戏术语来说，就是如何给秦国充值。

对国家来说，充值就是创造财富、积累财富，在奴隶制向封建制过渡的农业社会，最简单粗暴的办法仍然是"重农"，这是李悝让魏国一飞冲天的秘诀，同样也是商鞅将《垦草令》作为变法序曲的原因。

北大教授叶自成在《治道》一书中总结归纳了商鞅变法的九字方针：强一粮一农一地一贵一权一法一功一战。

叶自成认为，秦国面临生死难题，不强则灭，"强"即如何变强，这是商鞅变法的总基调。其余八个字则是变法的着力点。

八个字中，一半都与"重农"相关。

叶自成给商鞅的重农政策画下了清晰的逻辑线：首先是粮，作为农业社会最重要的战略资源，"有了粮食，就能生存，有了粮食，就能建设强大的军队"。谁种粮食呢？农民！商鞅变法志在让更多的劳动力一心务农，许多变法措施针对的也是三农问题。怎样让农民一心务农？这就需要土地改革，废除井田制，让人口极少的贵族阶层吐出数量庞大的土地资源。此外，秦国地域辽阔，鼓励民众开垦荒地同样可以增加耕地。如何让贵族吐出土地？那当然是废除世卿世禄制，剥夺贵族与生俱来的特权。

"粮—农—地—贵"，这便是商鞅变法时最重要的经济体制改革，其目的便是让秦国暴富。正如《商君书》所言："壹之农，然后国家可富。"专心于农业，那么国家就一定能富起来。这话还有下半句——"而民力可抟也。"有了这个基础，民力才可以攥成一个拳头。

这便是商鞅变法中的另一条主线，如何"抟力"？用游戏视角来解读"抟力"会更好理解。

在《征途》一类的战争经营类游戏中，每个国家都有自己的"王"，游戏赋予他们生杀予夺的权力，国王必须制定规则，调度物资、人力。《系统》中，吕洋作为楚国国王，使用"防守虎符"这件装备，便可以将麾下臣民全部召集到身边，举"全国之力"与敌国来一场殊死较量——这便是"抟力"。

叶自成九字方针中"权、法、功"可以视作商鞅变法中的"抟力"手段：

权——君主必须独掌大权，所以商鞅在秦国普遍推行县制、乡制、什伍制，以此保障君主对基层的控制权和支配权；

法——利用律法，国家可以让人民各居其位，防范并杜绝损害整体利益的行为；

功——让"法"和人们的利益结合，论功行赏，有功必赏，以利益为导轨，激发出人人争先的澎湃局面。

最后一个"战"比较特殊，它既可以是"抟力"的手段，也是"抟力"的最终目标，商鞅在军事制度上的改革正是为此设计。

通过游戏视角，我们已经能够窥见商鞅变法的两条清晰主线——生力和抟力。生力的主要手段便是重农，将农业的地位无限拔高，秦国国力便可由一株株硕果累累的禾苗结出；在国力暴涨的基础上，利用好政府这双无形的双手，将散落的民间力量拧成一股绳，以君主为核心，辅以奖惩，使得这股力量绝对忠诚、绝对热情，内可自保，外可四处出击。

商鞅之前不乏变法名家，管仲、狐偃、李悝、吴起皆有大刀阔斧的变革，商鞅之后，历朝历代的变法也是数不胜数，但在中国历史上，商鞅变法是普遍公认的最彻底、最成功的一次。

原因众说纷纭，有说天时的——商鞅赶上了最好的变法时机；有说地利的——秦国地处西陲，又是新兴诸侯，守旧势力根基尚浅，不足以抗衡变法；有说人和的——秦孝公对商鞅简直到了死心塌地的程度。

当然，更多的观点还是认为商鞅在秦国的变法切中时弊，面面俱到不说，且重点突出，有的放矢，从其变法的两条主线中我们也可以一斑窥豹。哪怕以浅薄粗陋的游戏视角来看，商鞅变法的成功也是必然：当一个国家氪金最多，国民上下一心一致对外，又能通过战争掠夺滚起雪球，久而久之，它一定是那个世界的征服者。

人人有田种，人人去种田

公元前 359 年，背靠秦孝公这棵大树，商鞅摆动那双现实到极致的双手，正式开始在秦国挥斥方遒。秦国贫弱，首重生力，大兴农业便是当务之急。

于是，商鞅推出《垦草令》。

由于资料亡佚，原版《垦草令》已不可考证，后世学者认为，《商君书·垦令》应该是《垦草令》的草案，可以代位作为参考。

翻开《垦令》，一股矢志不渝的执拗劲扑面而来。全文不过二十段话，却字字不脱农业，句句不离农民，且每段都以"草必垦矣"结尾。粗略一看好像是车轱辘话来回说了二十遍，细读才能发现，这是商鞅为秦国农业生产提供的保姆式服务，机械式的重复不是遣词造句上匮乏，而是他内心对"生力"的执着。

商鞅变法沿袭李悝甚多，但秦、魏两国自有国情，所以他并没有在农业改革上萧规曹随，而是根据秦国的实际情况有的放矢。

李悝变法受制于魏国"僧多粥少"的局限，所以主张的是"尽地力之教"，搞的是"土地收纳"，压榨的是土地的每一寸价值。而秦国就不一样了，与魏国相反，秦国地处偏远，地广人稀，土地资源足够多，劳动力却不够。因此，商鞅变法的侧重点与李悝不同，他不需要搞自虐式的土地收纳，针对人口稀薄这个弱项，商鞅的主张是压榨秦国的每一滴人力，让尽量多的劳动力参与到农业当中。

这便是《垦令》的题中之义。二十段文字，商鞅都没有脱离这一方针，从上到下，从里到外，商鞅事无巨细地给出了方法。

1. "无宿治"，即整顿吏治，要求官吏及时办公。乍一看，这第一条就很奇怪，明明是对官员的要求，怎么也归到保障农业生产上了？全段读完，我们才能明白其中深意。在商鞅看来，官吏拖延公务会耽误百姓的时间，而且会侵蚀底层的利益。办公从速从快，农民不会遭受盘剥，又有空闲时间，那"草必垦矣"。

2. "訾粟而税"，即根据粮食产量收取田赋。土地有肥有瘦，产量有高有低，以收成多寡来收税等于统一了地税制度。如此一来，国家有了信用，官吏也不能从中谋私，农民不会指责君主，也不会痛恨官吏，都愿意一心一意地去种田，且父子相继。

3. "无以外权任爵与官"，即不给那些与他国有关系的人加官晋爵。如此一来，百姓便会故步自封，轻视学问，他们不到各国去游荡交流，只会重视种田种粮，免于懈怠。

4. "以其食口之数，赋而重使之"，这条针对的是食客众多的贵族阶层，他们坐享富贵，又养了一帮游手好闲的人，对国家来说便是极大的浪费。所以要根据食客的数量加收贵族的赋税，逼得这帮寄生虫也去务农。

5. "使商无得籴，农无得粜"，这个很好理解，禁止商人卖粮，禁止农民买粮。粮食不能买卖了，商人无以为生，他们只能去种田。一些游手好闲的农民买不到粮食，吃不上饭就得饿死，这一条就是倒逼这个群体去踏实种田。

6. "声服无通于百县"，即禁止音乐和奇装异服。以今人的思维看，这管得好像有点偏了。但《垦令》自有其逻辑：没有靡靡之音，没有奇装异服，种田的百姓就能心无旁骛，不至于三心二意，这样才能干好本职工作。

7.“无得取庸”，也就是禁止雇用他人。在这条禁令下，社会上那些靠打工为生、脱离农业生产的人就没了生活来源，不得不去务农。同样的道理，那些雇主找不到人干活，也只能亲力亲为，他们不再懒惰，就会去种田。

8.“废逆旅”，即取缔旅馆。这其实也是一种变相的人身限制手段，没了旅馆，百姓就会被钉死在户籍所在地，只能去务农。而那些开旅馆的人没了生计，也只能去种田养活自己。

9.“壹山泽”，由国家垄断各种自然资源，禁止私自采矿、冶铁、捕鱼、贩盐。这样做可以堵死那些擅走偏门的捞家，把他们也驱赶到农田中去。

10.“贵酒肉之价，重其租”，这是一种典型的抑商手段。酒、肉作为生活物资是秦国社会的必需品，完全禁绝不太可行，于是，商鞅便提出加重赋税，以此降低商品利润，减少商人数量，这些商人就可以去种田。此外，酒肉价贵，农民就喝不起吃不起，这样他们就不会因为喝酒误事，田地就种得更好了。

11.“重刑而连其罪”，通俗理解就是严打和连坐。虽然这条直接针对的是社会治安，但《垦令》仍将其视作一种促农手段，重刑之下，那些不安分的人就不敢胡来，社会稳定了，对农民来说也是一件好事。

12.“使民无得擅徙”，这条立法初衷与“废逆旅”一致，也是让人扎根本土，不能随意抛荒迁徙。

13.“均出余子之使令，以世使之。”秦国人口不多，但还是豢养了数量庞大的食利阶层，如卿大夫、贵族，他们家族庞大，子嗣众多。《垦令》建议只给嫡长子保留特权，其他人都要服徭役，把这些人也逼到田里去干活。

14.“博闻、辩慧、游居之事，皆无得为”，这是对农民的一种思想禁锢，目的是隔绝精英阶层与农民，让农民安于现状，乐于劳作。

15.“令军市无有女子，而命其商，令人自给甲兵，使视军兴，又使军市无得私输粮者。”这招的目的是保障军队后勤系统的纯洁，使得军粮仅裨益于军队，如此一来，军粮不会受损，国力不至于流失。

16."百县之治一形"，即统一政令，以制度规范吏治。有了清晰统一的制度便可以裁撤冗官，减轻农民的负担，这样农民才能腾出手来开拓更多的荒地。

17."重关市之赋"，可以简单理解为"加征商业税"，让农民对经商望而却步专心去种田，逼迫商人转行去务农。这与"贵酒肉之价"的措施类似。

18."以商之口数使商，令之厮、舆、徒、重者必当名"，仍是抑商政策，让商人及其家眷、仆人服徭役，加重商人的负担，此消彼长，农民的负担便能减轻。

19."令送粮无取僦，无得反庸，车牛舆重设必当名。"农民需要向政府缴纳粮食，此条意在保障农民纳粮运粮的效率，避免耽误农时。

20."无得为罪人请于吏而饷食之"，最后一条很简单，不能让作奸犯科的人好吃好喝，要让犯罪之人下场凄惨，以此警告那些潜在的犯罪分子，那这些人就不敢再去骚扰老实巴交的农民。

客观来说，《垦令》中这二十条措施略显粗糙，部分措施流于笼统，另一部分则失于计较。《垦令》着力点还是在"吏治、司法、抑商、固农"这几点，但缺少政令本身该有的协调。

当然，这只是《垦草令》的大致方案，今人没有见过它的真实面貌。此外，二十条措施也实实在在反映出商鞅变法的"生力"之道，尤为重要的是，这些看似欠缺章法的文字总结起来仍有一条主心骨，即"人人有田种，人人去种田"。

作为商鞅变法时的"一号文件"，后世定义《垦草令》为"从'食'着眼，以粮为纲，纲举目张"的综合治理办法。其价值有今古两说。

今人的看法有两面。在肯定政令"殚精竭虑、周密严整、算无遗策"的同时，有人又指出《垦草令》罪莫大焉，认为商鞅"限制迁徙、力行愚民、重农抑商，也有与历史发展潮流背道而驰的地方，使底层社会毫无生气、毫无色彩、万马齐喑，成了沉默的大多数，是他消极、反动的地方"。

针对这一评价，后文将详细论述。

据《史记·秦本纪》所说，《垦草令》刚颁布时，"百姓苦之"，但是三年之后，"百姓便之"，也就是说，仅仅三年时间，秦国的百姓就享受到新法带来的好处。既然"百姓便之"，说明《垦草令》对百姓来说仍属良法，想必也能给秦国社会创造巨大的财富，这是古说。

作为一个实用主义者，商鞅只看功效。《垦草令》施行后，他看到的是国治民安、仓廪丰实，那些记录在竹简上的统计数字会激发出他更大的决心，为他挽来秦孝公更多的支持。因此，当他感受到"百姓便之"的成果之后，百尺竿头更进一步的"生力"计划就来得更加浩荡了。

为什么说商鞅的重农政策具有颠覆性

为了让秦国先富起来，商鞅穷尽一切手段。相比之下，《垦草令》只是牛刀小试，两次变法时施展的重农大招才是真正的杀器。

公元前356年，《垦草令》颁行三年后，秦孝公任命商鞅为左庶长，正式开始第一次变法。为求"生力"，此次变法延续《垦草令》"重农抑商"这一核心的同时，又将农业的地位拔高到之前从未有过的高度。

商鞅用的办法其实很简单，归纳起来不过八个字：压制商人，奖励耕织。说得更细一点，商鞅为了鼓励农民种田、垦荒，给他们留出来一条真正的"生路"。

在变法之前的秦国，底层农民不光要给国家缴税纳粮，还需出人出力，承担徭役。纳粮好说，地里种出的粮食按照一定比例上交给国家就是了，正常情况下，统治者也不会竭泽而渔，总会留一口吃的给农民，好歹让他们能继续种田。

但徭役就不一样了，它是国家直接驱使劳动力的一种制度。简单来说，只要你满足服役标准，就需要为国出力。比如国家要兴修水利，你得去施工现场干活，路程再远也得去，而且还不发工资，一切自理。黄今言在《秦汉赋役制度研究》中称，徭役也可叫力役，"这是封建政权强迫劳动人民承担的一种无偿劳动"。有学者说得更为露骨，"（徭役制度）从本质上来说，就是国家对劳动人民实行普遍性的人身奴役的一种特殊表现"。

战国时代，徭役制度早已普及，压得许多底层百姓喘不过气。但生产力水平摆在那儿，各国只能在"多少"上面做文章，谁也不能完全摆脱这一制度。就连一向提倡"仁政"的孟子也没呼吁废除徭役，只是主张"轻徭薄赋"，并提倡徭役不能违背农时，否则就会造成"父母冻饿，兄弟妻子离散"。

但是，封建时代的统治者鲜有真正以民为本的，徭役制度造成了无数人间悲剧，以至于明代百姓还要通过《孟姜女哭长城》来表达对徭役的恐惧和不满。

在那个时代背景下，商鞅当然不可能让秦国百姓免于徭役，但是，为了提高农民的生产积极性，他在第一次变法时创造性地提出"僇力本业，耕织致粟帛多者，复其身"。

一个农民，只要你在耕田、纺织上产出得足够多，就可以"复其身"，也就是免除其本身的徭役。

这无疑是一针强心剂。在此之前的秦国，只有爵位在五大夫以上的人才能免徭役，爵位低的或者没有爵位的农民都得为国卖力。商鞅的政策无异于制度上的网开一面，让苦于徭役的底层农民看到了希望。

可以想象，在这一利好的刺激下，秦国的农民必然会迸发出极大的垦荒和生产热情。

商鞅的目的当然还是"生力"，所以，对待商人和懒人这些"生力"不佳的群体，商鞅不留一丝情面。他在第一次变法时规定，"事末利及怠而贫者，举以为收孥"。

这项规定在今天看起来有些冷血。

从事商业的人经营不善导致破产致贫，这本该是个体的不幸，商鞅非但没有体恤，反而要将他们连同妻子一道收作奴隶，个中意思，谁让你们不好好种田，跑去做生意的！

商人爱折腾，把自己折腾穷了要倒霉，而懒人不折腾，把自己闲穷了也要倒霉，因懒惰而穷的，本人和妻子也要成为奴隶。

由此看来，商鞅的目的始终如一——将所有人都赶到田里去。

此外，第一次变法时商鞅还规定"民有二男以上不分异者，倍其赋"（杨宽《战国史》认为这是第二次变法时的措施），这点已经在本书引子中论及，商鞅强迫大宗族分家，目的在于拆散宗族式的大家庭，将其打碎为一夫一妻制的原子化小家庭，使得每个劳动力都能充分参与到生产中来。

第二次变法时，商鞅又在政策上加码，以法律形式禁止父子兄弟同室而居，强制要求分家，这也彻底颠覆了秦国的家庭伦理。

据汉初的贾谊所说，商鞅强制百姓分家后，秦国那些有钱人家也扛不住，"家富子壮则出分"，而家里没钱的男丁就只能入赘到女方家里。家庭原子化之后，大家族利益就得屈居小家庭之后，秦国出现了诸多前所未有的现象。比如父亲借儿子的农具，儿子非但没有毕恭毕敬，反而还显出一副施舍的样子；母亲不经同意拿走儿子家的簸箕、扫帚，儿子马上破口大骂。甚至还出现儿媳妇与公公平起平坐，妇姑不合就吵得鸡犬不宁的闹剧。

贾谊师承汉初大儒张苍，站在儒家立场，他痛责商鞅"遗礼义，弃仁恩"，导致"秦俗日败"。

商鞅的这一颠覆当然是为服务于现实：一夫一妻的小农经济不仅能够促进农业生产，还方便国家"抟力"。至于因变法而来的伦理问题，以商鞅对儒家思想一贯的鄙夷态度，他应该不会当回事。

商鞅的诸多重农措施中，"为田开阡陌封疆"应当是最具颠覆性且影响最大的。

所谓井田制，通俗理解是在一方土地里画个"井"字，这样就出现了九块土地，正中间的土地属于公田，由底层百姓（包括奴隶）耕种，收获归周天子或各级贵族。私田由上分配，每家一百亩（百步为亩），一个壮劳力二十岁可以享受分配，六十岁就要归还，由于土地品质有差异，每三年还得轮换一次。这一制度下，无论"公田"还是"私田"，名义上都归周天子所有，私人只有使用权，不得买卖。

井田制在西周末年已经崩溃，随着开垦的荒地越来越多，公田越来越不受重视，不得已，各国只能开辟新的赋税制度。比如春秋时期鲁国实行"初税亩"，承认土地私有的同时开始按亩征税。

秦国于公元前408年实行"初租禾"，性质与初税亩类似，但其境内仍然保留井田制的残余。商鞅变法彻底废除了井田制，"开阡陌封疆"就是把井田制的"井"字分界铲除，每家还是分一百亩，只不过这时不再使用周王室规定的百步亩，而是借鉴当时已经流行的大亩制，以二百四十步为一亩。在此基础上，商鞅重新为各家田亩划分疆界，严禁私自变动，并且承认、保护土地的私人占有。

"开阡陌封疆"的好处是显而易见的。土地所有权、数量确定了，收税就变成一道简单的数学题，尤为重要的是，私有土地制也可以激发出农民最大的耕作热情。

承认土地私有并不是百利无一害。汉朝时的董仲舒就认为，商鞅"改帝王之制"，废除井田，这导致土地可以自由买卖。董仲舒的言下之意，土地私有化会诱导出土地兼并这一难题，兼并过头，"富者田连阡陌，贫者无立锥之地"。后世中国朝代多有因此而头疼，甚至灭亡的。

但是，土地兼并显然不会困扰当时的秦国：以商鞅对农本的重视，懒散致贫的人都要全家为奴，卖掉土地无异于自断生路。（后世对秦国的土地私有制存疑，有证据表明秦国当时施行的是"国家授田制"，即农民有土地使用权，产权仍归国家所有。）

"颠覆性"只能用来形容商鞅变革农业的力度，对秦国来说，商鞅的农法还有切中时弊的高度"适配性"。这种与秦国现实严丝合缝的改革果然迅速生力，粮食产量如海绵吸水般膨胀。纵横家张仪称秦国土地"半天下"，仓库里的存粮更是堆积如山。睡虎地秦简中的记载更为详细。当时的粮食按堆存放在各仓库中，一般的县"万石一积"，一堆就是一万石，战略要地的粮食储备更是惊人，比如"栎阳二万石一积""咸阳十万一积"。

司马迁那么不喜欢商鞅，但在《史记·商君列传》中，他还是写下商鞅变法提振秦国经济的奇迹："行之十年……家给人足……乡邑大治。"

第四章 怎样让秦国拧成一股绳

为了能让秦国拧成一股绳，商鞅以李悝为师，在《法经》的基础上充分化用和扩充，以法律为线绳，将秦国土地上的每一股力量串联起来。为了变法和法治，商鞅甚至不惜得罪太子及贵族，虽然这能为秦国的富强扫清障碍，但也为日后商鞅速亡埋下了祸根。

　　在商鞅新法之下，秦国逐渐凝聚力量，国内各方面得以统一，而秦国一统正是日后天下一统的蓝图。

秦国的法律有多残酷

商鞅从来不是经济学家或人道主义者，他关注农业、农村、农民不是出于对底层的怜悯，而是为了养力、生力，最终目的仍是用力。正如《商君书·算地》所言："民众而不用者，与无民同。"意思是，一个国家如果人很多而不加以利用，那等于国家无人。

商鞅也清楚，散落在各处的星星之火可以重现秦国荣光，唯一的问题在于，如何让这些零星的、原子化的力量拧成一股绳。用《商君书》里的话一言蔽之："凡治国者，患民之散而不可抟也。"

于是，商鞅首先祭出了"法"。

现代法律中常说"以法律为准绳"，在商鞅眼中，法律不光是准绳，也是系绳。通过一条条细化成文的律法，民众得以规范、串联、受控，以此便能形成可怕的合力，退可以自保求安，进可以开疆扩土。

作为法家弟子，商鞅的前辈们一样追求律法带来的"治道"。他们不讲儒家那套仁义礼智信，也不认可墨家那套"兼爱非攻"，法家始终认为，人性本恶，且趋利避害，所以法家素来主张用严刑峻法规范人的行为，让他们唯命是从，不敢作奸犯科。

第一次变法时，商鞅在李悝《法经》的基础上增加了连坐法和告奸法。

对古代的连坐法，我们印象当中应该是连坐家人，某人大逆不道，便夷其三族、诛其九族。可商鞅的连坐不看血缘，只看编制。

在秦献公改革时推出的"户籍相伍"的基础上，商鞅重新编制户口，按五家为一"伍"，十家为一"什"进行管理，并且实行严格的户口登记制度，只要是秦国子民，生下来就得登记，死了才能削籍。如此一来，国家征兵派税方便了，管理起来就更加游刃有余。

商鞅制定的连坐法规定，如果一家犯法，其余各家没有举报的，同处一伍一什中的家庭也要一同治罪。在此基础上，商鞅又细化了奖惩，实施告奸法，"不告奸者腰斩，告奸者与斩敌首同赏"，不举报犯罪的腰斩，举报犯罪的跟斩首立功一样可以受赏。

一个秦国的普通老百姓，就算他遵纪守法，谨小慎微，仍有可能因邻居犯法而获罪，甚至会被腰斩。怎样避免厄运呢？只有互相监督、互相举报这一条路。

而这正是商鞅想要的结果——禁奸止过，以民治民。

商鞅之前早有"什伍"制度，连坐也不罕见，但将这两者结合起来用以治理国家的，商鞅是第一人。

商鞅的法治主要强调刑法，即规定什么是犯罪以及对犯罪如何进行处罚的法律。他的刑法观又延续了战国法家"重刑重罚"的主张，这一特征使得商鞅之法严酷异常。连坐法、告奸法体现的是商鞅法治"严"的一面，正如《商君书》所说的"去奸之本莫深于严刑"，商鞅认为，只有严厉且严密的刑罚才能去除奸恶。

为此，商鞅又在刑罚条目上下功夫，力求繁刑，以规范人民生产生活的方方面面，这使得商鞅之法既严又密。比如说，为保护耕牛和马这两样重要的耕战物资，商鞅规定盗窃牛马的要判处死刑。商鞅甚至将在大街上乱丢垃圾的行为入刑，法网之严密可见一斑。

"严"只是商鞅法治的一面，它的另一面则是"酷"。后世常说秦法残暴，追本溯源发现又到了商鞅这儿。

《汉书·刑法志》认为，战国以来，肉刑、死刑开始泛滥，凿头、抽肋、烹煮等酷刑层出不穷，其中就有商鞅的功劳。后世也称商鞅用的是"刀锯之刑"，血腥味十足。

热播电视剧《大秦帝国》中也有类似的反映：

商鞅在秦国变法之际，孟、西、白三族与境内的老戎狄部族因水源发生纠纷，时值春耕，双方谁也不让谁，最终酿成大规模械斗，伤亡数千人，秦国的百里渠也在械斗时遭毁。

商鞅志在为秦国生力和抟力，对"私斗"这种内耗的行为深恶痛绝。第一次变法时，商鞅便规定"私斗者各以轻重被刑大小"，简而言之，参加私斗的人根据情节严重判处不同的刑法。

值得注意的是，这并非商鞅对"重刑重罚"的背离。宗族械斗参与者人数众多，秦国人口稀少，全部施以极刑难免有矫枉过正之嫌。

电视剧中，参加械斗的有数千人，商鞅决定处死其中罪大恶极的七百余人。

但这个打击面还是太广了，秦孝公于心不忍，找到商鞅说情，君臣二人，一个是心有顾虑，一个要痛下杀手，嘴上过招极富戏剧性。

秦孝公问："不能变了？"

商鞅答："立法如山！"

"不能缓？"

"法贵时效！"

"不能减？"

"减刑溃法！"

"不能特赦？"

"法外无恩！"

商鞅油盐不进，秦孝公无可奈何，只能砸烂酒壶出气。最终，定罪的七百多人无一漏网，尽皆赴死。

电视剧中的这个桥段并非完全出自主创人员的想象，就拿一天处决七百多人这件事来说，其灵感来源应该是西汉人刘向的记录："一日临渭而论囚七百余人，渭水尽赤，号哭之声动于天地，畜怨积仇比于丘山。"

司马光的《资治通鉴》对此也有记载，同时还补充说，商鞅为相十年，国人都痛恨他。

这也不怪老百姓，商鞅制定的法律严酷不说，他的性格也不讨人喜欢。初行变法时，秦国也是怨声载道，国都上千百姓聚在一起控诉新法带来的不便。后来这些人实实在在地感受到新法的好处，又聚在一起大唱商鞅赞歌。

商鞅说这都是"乱法之民"，将他们全部流放到边境。

以现代法律观点来看，商鞅治法"轻罪重刑"，用重刑去处置犯下轻罪的人，明显违背了"罪刑相适应原则"。但在那个蛮荒时代，法治思想尚且乳臭未干，苛求商鞅遵循"罪刑法定"的现代法治理念纯粹是强人所难。

商鞅治法残酷是毋庸置疑的事实，但其治法效果也不容置喙。

社会治安方面，新法渗透到各地后，秦国"道不拾遗，山无盗贼"；社会风气方面，民众对外个个奋勇争先，在内不敢私斗；社会组织方面，伍什制度让政府牢牢把控基层，使得秦国的每一条毛细血管都能为国输血。

对实用主义者商鞅来说，这就够了。

商鞅治法真的人人平等吗

在中国法制史上，公元前 536 年意义非凡。

这年三月，郑国执政的子产将法律条文刻在金属鼎上，并向全社会公开，史称"铸刑书"。这是中国历史上首次记载的成文法公布。

这在当时简直匪夷所思，晋国掌管刑狱的大夫叔向听说这事后痛心疾首，他坚决反对公布法律，还特地写信给子产说，一旦老百姓知道法律条文，他们就不再害怕统治者的权威，只会去翻条文，钻法律的空子。

叔向秉持着夏商及西周时代的刑罚理念，主张"临事制刑，不预设法"，也就是不设成文法，更不用说向社会公布。当时的刑罚由统治阶层独掌，而且法律的内容也是秘而不宣的，法律变得神秘，统治者的权力价值才能得以彰显，所以才有"刑不可知，则威不可测"的驭民奇效。

子产打破了这一传统，所以招来旧贵族的一片反对。子产之后，同为郑国人的邓析觉得鼎上刻字还不够，又动手编纂《竹书》，将法律条文记录在竹简上，并致力于向民众普法。

邓析的做法也引来当权者的忌恨，大业未成便死于非命。

邓析之死意味着一个法治萌芽的枯萎，底层民众距离法律仍很遥远。虽然此后各国也颁布过成文法，比如晋国曾刻铸刑鼎，李悝在魏国颁行《法经》，但是由于古代识字率普遍不高，当权者如果没有口头普法，这些法律对百姓来说就是有字天书。

民众不知法、不懂法，这也是商鞅变法时面临的困境。对商鞅来说，这种困境带来的掣肘是显而易见的：如果民众连法律的内容都不清楚，他们就不知道能干什么，不能干什么，法律等同于一纸空文。

商鞅也考虑到了这点，他在公布成文法的同时，又配套设置了专职的官吏，负责向社会各阶层普及法律并解答他们的疑惑。为保障民众的知情权，商鞅苛责官吏恪尽职守，严防他们玩忽职守。他要求新上任的法律专员要在规定期限内学习法令内容，办不到就得受罚。向民众普法时，也不允许官员增删任何一个字，务必要原汁原味地传达到位，否则就得处死。可能是见惯了官僚主义作风，担心官吏敷衍百姓，商鞅还构思了一种特殊的"反坐法"。

以一个假想的例证来解释这种"反坐"：

秦国国民张三生活在国都附近，他听人说商鞅颁布新法，规定丢垃圾的人要砍手（此为假设，真实历史上的处罚不一定是砍手）。张三找到主管法令的官吏李四，想确认一下这条律法：丢什么垃圾算犯法？国都的哪条大街上不允许乱丢垃圾？砍手的事儿是不是真的？

李四作为普法职责官，他需要记录张三的问话，写在竹简上，还得标注年月日，问的什么内容。

假如李四一时怠政，没有向张三解释这条法律。而张三呢？自始至终不知道这条法律的具体内容。某天他将一块大石头随意丢到街上，被他人举报随后被捕。张三表示自己不知道石头不能乱丢，问了官员李四，但很久都没有回复。

在这种情况下，根据商鞅的新法，李四有罪，但不是玩忽职守罪，而是反坐张三的罪刑。这起案件中，张三犯下的罪按律砍手，那么李四就得砍手。

至于张三怎么处置，《商君书》中没有给出答案。但是，李四的手一定是保不住的。

如此高压的反坐之下，普法官吏唯有尽忠职守一条出路，对他们来说，商鞅的新法显然不近人情，但站在底层民众的角度，商鞅普法打破了贵族、精英阶层对法律的垄断，自此，高高在上的法律条文也成了王谢堂前燕，飞入寻常百姓家。

这是商鞅治法中最基本的平等观。民众清楚生产生活的边界，知道底线在哪儿，法律便能起到应有的规范作用，民力也不会因混乱而损耗。

商鞅治法时对平等的追求不止于此。除知情权平等之外，商鞅也要求执法平等，即"刑无等级，不赦不宥"，通俗点说，就是执法时讲究一视同仁。

《商君书·赏刑》大概是这样说的：统一刑罚，不设等级差别，卿相、将军、大夫、平民百姓只要犯法，一律处罚，决不赦免。谁违法就治谁，严重的还得连坐。哪怕是为国立过功的，也不能因功废刑。

这听起来的确诱人，在两千多年前的古代中国，在"刑不上大夫"的周礼土壤下，竟然出现了"法律面前，人人平等"的雏形。

史书中也的确记载了商鞅不避权贵的故事。

据《史记·商君列传》记载，新法颁行一年之际，太子嬴驷就触犯了法律。

商鞅怎么处理太子秦国百姓都会看在眼里，一旦举止失措，商鞅的信誉、新法的权威都将大打折扣。商鞅决定将太子绳之以法。又因为太子是储君，再加上年幼无知，施加肉刑说不过去，便处罚了太子的两个师傅，刑公子虔（具体刑罚未知）、黥公孙贾（脸上刺字）。

照司马迁的说法，商鞅这招杀鸡给猴看的效果立竿见影，第二天，秦人都开始遵纪守法了。

这个故事也是"王子犯法，庶民同罪"的出处。

但是，这桩历史事件存在明显的时间矛盾，史学界也普遍认定司马迁存在误记。

据司马迁所言，太子嬴驷是在首次变法一年后犯的事，也就是公元前 355 年。可问题是，嬴驷于公元前 356 年出生，这时他只是个一岁多的婴儿，连话都不一定会说，怎么可能犯罪？

《史记·秦本纪》中司马迁也提到了这件事，"鞅之初为秦施法，法不行，太子犯禁"。这里太史公没有挂时间线，我们不妨以商鞅第二次变法为"初为秦施法"的起点，即公元前 350 年，此时嬴驷也才 6 岁，显然也没有犯罪的可能。

所以，商鞅变法初期太子犯法这事不太可信，可能是记错了太子犯法的时间，也可能是太子没有犯法，但其两位师傅确实触法受刑，以"储君犯错师傅代为受过"的想当然，司马迁让故事变得更具冲击性。

"太子犯法事件"没过几年，公子虔再犯禁令，这次商鞅下令割掉了他的鼻子。从公子虔、公孙贾的名字我们就能看出，二人出自秦国宗室，是秦国先君的后代，身份之尊贵显赫毋庸置疑。这说明为了变法，商鞅已经尽力秉持了"法不阿贵"的原则。

为什么说商鞅只是"尽力"秉持？原因很简单，商鞅变法的最终目标不是建设一个法治国家，而是为了富国强兵，法律也只是商鞅为了"生力和抟力"而借助的一种工具，所以，商鞅法治中的"刑无等级"与现代法治中的"人人平等"不能等同视之。在君主至上的封建时代，"刑无等级"也不可能完全实现。

比如说，《商君书》中也主张君主应受法的制约，提出"明主慎法制"，不合法度的话不要听，不合法度的行为不推崇，不合法度的事情不要做，还要求君主"不可不慎己"。但这些主张和要求没有也不可能照进变法的现实，商鞅最多只能劝君主守法，却不能以法加其身。

但是，商鞅的目的同样不在于约束君主。对他来说，千条万条的律法都只是政权的触手，触手所及便是权力所及，而权力所及之处就是秦国的能量，触手越细、越有力，国力便越强、越蓬勃。

为什么说商鞅是大一统的肇始

公元前369年，周烈王姬喜崩逝，他的弟弟姬扁即位，是为周显王。先王驾崩，各诸侯国依礼都来吊丧，当时的东方大国齐国也派了人来，不知道是启程太晚还是路上耽搁，齐国的吊丧代表迟到了。

周显王和大臣们愤愤不平，给齐国发去了一份措辞严厉的讣告，大意是天子驾崩如同天塌地陷，连新王都要守丧，作为诸侯的齐国竟然敢迟到怠慢，依礼制杀掉使者都不过分。

没承想齐威王非但不怕，反而对周天子破口大骂。《战国策》记载，齐威王只骂了六个字，却是字字扎心——"叱嗟！而母婢也"，呸！你妈就是个奴婢！《战国策》对此事的评价也言简意赅——"卒为天下笑"。

讲这个故事是为了引出一个事实：战国时代，以周天子为核心的分封制彻底崩溃，在实力面前，花瓶天子连表面光鲜都难以维持了。

分封制的崩溃不需上帝视角便能窥见，身处那个历史时空的各国早就心知肚明。不光周天子这个大家长风光不再，一些诸侯国也因分封而万劫不复，田氏代齐、三家分晋便是明证。因此，春秋战国以来，各国都有寻求中央集权的动作。

秦国也不例外。为了整合更强的国力，商鞅也为秦国制定了一整套集权制度，根据变法内容，我们可以将其总结为行政架构统一、思想文化统一、经济制度统一。

首先是行政架构上的统一。

早在春秋时期，各诸侯国为加强中枢权力便开始在境内置郡、县，以官僚制代替世袭贵族，将因分封而散乱的权力收归中央。例如晋国和楚国都有"灭地为县"的记录，秦穆公时期也有"君实有郡制"的说法。虽然这类郡、县与郡县制中的行政单位有所区别，但相比分封采邑制度还是更适合中央集权。

战国时代，郡、县都已普遍。以最先变法的魏国为例，吴起曾担任魏国西河郡守，这说明魏国当时已经有郡，其长官由中央直接委派，不能世袭。魏国的行政制度为秦献公借鉴，公元前 379 年，商鞅还未入秦，献公便在边境地区试点县制，由自己派遣官员代为治理。但是秦献公的改革并不彻底，县制也是试行，并未推广至全国。

商鞅变法才是开启中国县制的标志性事件。

公元前 350 年，商鞅开始第二次变法，在秦国普遍推行县制，并且设置县一级的官僚机构，由中央委派。

商鞅将全国的乡、邑、村落重新整理，规划出 41 个县（也有 30 个和 31 个说法）。设县的同时也派出中央直接任命的官吏。其中县令是一县的最高行政长官，县丞负责民政，《商君书》中还有"县尉"的记载，言其职掌军事。

商鞅设县的目的是"百县之治一形，则从"，也就是要统一政治制度，让官吏不敢胡作非为。说得更深一点，县制之下中央可以直辖地方，让权力触及秦国的每一处领土。推行县制不光顺应了时代，也为秦国带来了实实在在的好处。学者史卫认为："县制的推行，把全国的政权、兵权、财权集中到中央政府，建立起了中央集权的统一政治体制，巩固了政权，发展了经济。"李存山给予的评价更高，他说："县制的普及为秦国政治的稳定、人力物力的集中、对外战争中不断取得胜利以致最后兼并六国，奠定了基础。"

商鞅变法时当然看不了那么长远，他在秦国推行县制的出发点还是抟力，这也是《商君书》中"守壹"的题中之义。

以县制为基础，配套秦国已有的乡、亭、里等行政单元，直至最基层的"什伍制度"，一条细致入微的抟力框架已然成形。

在此之外，商鞅又尝试对秦国进行文化思想上的统一，主要措施是"燔《诗》《书》而明法令"，其实就是清洗儒家思想。

先秦诸子百家中，法家与儒家的关系呈现出两种极端。

一种以子夏、荀子为代表，后世划分学派时将他们归为儒家，但他们又与法家脱不开关系。子夏在魏国创立西河学派，主讲儒家经典，却又启发了法家思想；荀子就更不用说了，身为儒家翘楚，却又主张儒法并施。

另一种则以商鞅为代表，他们与儒家的关系泾渭分明，人们称商鞅为"纯粹的法家弟子"，正是因为商鞅对儒家思想的强烈排斥。

商鞅强调依法治国，对儒家思想嗤之以鼻，《商君书》称儒家的礼仪道德为"六虱"，并且认为"有虱则弱"。虱子吸附在人体上，以食血为生，只会消耗民力，所以必须铲除六虱。

所谓"六虱"几乎涵盖了所有儒家经典，《礼》《乐》《诗》《书》都在其中，也包括儒家的核心思想，包括修善、孝悌、诚信、正直廉洁、仁义、反战、羞战。《商君书》认为，一个国家如果沾上这些东西，就会一直贫穷下去，如果民众接受这些思想，政府根本不能制服他们。

由此，一条治国逻辑便出现了："能够制服天下的人，首先是制服了民众；能够战胜强敌的人，首先是战胜了民众。"

商鞅给出的办法简单粗暴——除虱，铲除秦国境内的儒家"流毒"，让百姓"行作不顾，休居不听"，接触不到这些"危害"，百姓就能一门心思地扑在农业生产上。

这便是商鞅思想中的"壹教",即国家统一教化。《商君书》为秦国规划了一条"美好"的蓝图:"是以明君修政作壹,去无用,止浮学事淫之民,壹之农,然后国家可富,而民力可抟也。"

说到底,商鞅统一思想的目的还是抟力。

清洗儒家思想只是商鞅教化民众的手段之一,为了彻底斩断干扰民众生产生活的"歪理邪说",商鞅还主张禁止各种逞口舌之快的游说,也就是说,除了法家,商鞅不允许其他思想在秦国泛滥。

如何评价商鞅的手段?这点我们后文再议,仅从为国抟力上说,商鞅对思想的统一无疑切中了要害。

再来讲最后一个,经济制度的统一,商鞅的具体措施是"统一度量衡"。

因秦国地理位置特殊,民众又与少数民族杂处,所以境内的度量衡并不统一,也必然会带来混乱。举例来说,假如秦国东边和西边采用两套度量衡,同样是缴纳一升粮食,东边的多一些,西边的少一些,到了中央又是一个中间标准,那这些粮食怎么登记造册入库?

混乱的度量衡显然也不利于财政运转,官员的俸禄有明确的规定,但执行标准却不一样,这叫什么事儿!此外,商鞅虽然奉行"重农抑商",但从未要求根绝商业,秦国的发展也离不开商品经济的黏合,如果度量衡得不到统一,商人难免会举止失措。

这一切都会造成秦国经济制度的紊乱,最终削弱的也是国力。所以,公元前344年,商鞅在境内统一度量衡,并且颁布度量衡的标准器,经国家确定后,全国的度量衡便照此为准。为了防止官吏作梗渔利,商鞅还制定了惩罚措施:一旦发现某地使用的度量衡与标准器误差超过限度,其职能官员就要受罚。

出土的"商鞅方升"佐证了这一历史事件。"商鞅方升"由秦国中央政府制造并下发给重泉(地名),方升上刻有铭文,记载此器铸于秦孝公十八年十二月(前344年),是大良造商鞅颁布的标准计量器。

至此,秦国在行政、文化、经济上获得了空前的统一,中央集权得以进一步强化，国家抟力也能因此受益。而商鞅这些政策的价值也不只彰显于当世，其对秦国乃至后世中国的影响更是巨大。

公元前 221 年，秦王嬴政统一六国，建立中国历史上第一个大一统的王朝。始皇帝执政时面向全国的诸多措施都由商鞅缔造，并为历朝历代所借鉴。

比如秦始皇焚书坑儒，抑制思想的多元化，这与商鞅变法时对境内的文化统一如出一辙。

又比如秦朝在全国范围内实行郡县制，除西汉短暂采用"郡国并行制"外，后世朝代莫不沿袭，郡县制也成为大一统中国的基本制度之一。

至于统一度量衡，这不光是秦始皇登基时的知名国策，也是后世朝代适应时代变化的常规手段，直至 1959 年，我国还颁布了《关于统一计量制度的命令》。

以此观之，商鞅对统一的贡献源远流长。

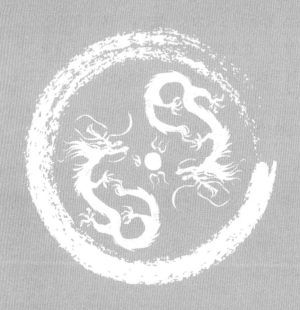

第五章 让秦成为一台战争机器

后世常说秦国是"虎狼之师"，傲视天下群雄，这里头应当有商鞅的一份功劳。

商鞅变法的核心是农战，正所谓"以农养战，以战促农"。在商鞅的制度设计下，秦国几乎调动了境内所有可用兵源，甚至规定老弱妇孺也可以在特殊情况下参加军事行动。

将人力调动起来后，商鞅又在秦国实行军功爵制，鼓励士兵奋勇杀敌。在秦国，斩敌不光是报国的方式，也是底层建功立业的唯一渠道。

但是，作为法家弟子，商鞅不可能只赏不罚。除军功爵制外，秦国的法律就如同绩效考核一般，商鞅用一种无形的末位淘汰制迫使每个人拼尽全力。在这种情况下，每个秦国士兵都不可能一劳永逸，他们形成一个整体，勇猛异常，秦国也逐渐变成一台战争机器。

秦国真的是全民皆兵吗

公元前 484 年 5 月，吴王夫差联合鲁国出兵讨齐。吴鲁联军一路攻城略地，齐国派出大军阻击，双方在艾陵一带排兵布阵。

两兵接战前，齐国大夫公孙挥突然下达了一个奇怪的命令：他让部下每人携带一根八尺长的绳子。

而后双方大战，吴鲁大胜，俘虏齐国一众高级将领，缴获战车八百辆，斩首齐国甲士三千人。齐军惨败。

战事平息后，公孙挥的那个命令成了天大的笑话：这位齐国大夫如此自信，考虑到吴人头发短，他担心士兵斩首后不好携带，贴心地让部下准备好绳索以备提头之用。结果却是齐国这边大败，齐军的人头反倒被齐刷刷地收割了。

自齐恒公称霸春秋之后，齐军的整体战斗力一直不高，但曾经的春秋大国傲气不减，输什么都不能输气势。所以有人调侃齐国"不管仗打得咋样，嘴炮永远无敌"。

此外，这段历史也说明了一个现象，早在商鞅变法之前，斩首已经是各国衡量军功的重要标准，这便是所谓的"尚首功"。

与春秋及之前的战争所不同的是，商鞅治秦时期的战争已经有了翻天覆地的变化。第一章中我们讲过，这一时期的战争更加残酷、规模更大。说得更细点，战国战争在武器、兵法、动员上都换了一副面貌。比如，战国铁制兵器比传统的青铜戈、矛、戟更加锋利，杀伤力更强；用兵时更讲究谋略和战法功效，手段也更加灵活；还有更大规模的战争动员，为求胜利，各国都开始竭尽所能地挖掘内部的战争潜力。

不管战争怎么演变，"取胜"还是唯一的目的，所以，各国都致力于打造出一支能打胜仗的军队。

气候差异能够造就生物多样性，同样的道理，各国文化传统不同，他们的军队也各有特点。而这些特点也是日后各国战场命运的决定性因素。

《荀子·议兵》对各国军队特点有详细评价。以齐国为例。荀子说齐国军队注重"技击"，也就是个人搏斗的技巧。这应当是春秋时代贵族战争遗留下的传统，有点像我们今天说的"个人英雄主义"。齐国也按人头算功，取敌人一个首级赏赐八两黄金。

齐国没有集体军功的奖励，在荀子看来，齐国军队对付那些小鱼小虾还可以，如果碰上硬茬，士兵很容易溃散。荀子的评价是："没有比这更弱的军队了，它的战斗力跟雇佣军差不多。"

荀子还评价过一度横扫战国的"魏武卒"。他认为魏武卒能征善战这没得说，但他们的待遇太好了，魏国税赋不多，魏武卒必定会拖垮国家。

荀子也评价了秦国的军队，怎么评价的这里先卖个关子，反正荀子最后的总结是："故齐之技击，不可以遇魏氏之武卒；魏氏之武卒，不可以遇秦之锐士。"

荀子看到的"秦之锐士"正是商鞅变法的诸多成果之一。

自秦献公改革后，秦国军队不再是脓包尿蛋，少梁之战也能打得魏国满地找牙。但是，从账面实力看，秦国还是没有以武称霸的资本。

先说国土面积。战国初期，七雄之中楚国最大，其次是赵国、秦国，再次是齐、魏、燕，最小的是韩国。从疆域上看，秦国并非最大，且地处西陲，核心区域仍只有关中平原。

再看人口和兵力。战国初期各国人口没有精确数字，范文澜根据各国巅峰兵力倒推各国人口。他以五人出一兵推算，当时楚国约有五百万人，魏国约三四百万人，秦国、赵国约三百万人，齐国二三百万人，燕、韩最少，各约一二百万。其中楚兵最盛，约一百万，秦国排名第三，兵力约六十万。这些数字并不能反映商鞅变法时各国现状，但仍可以作为当时的军力参考。

如果把疆域、人口、兵力视作军事硬件，秦国算是七雄中的佼佼者，但绝对坐不上头把交椅。并且，打仗不光拼硬件，软实力也需考量在内。以魏国为例，其国土不算最大，人口、兵力也不算最多，却能长期称霸战国，原因也在于此。李悝、吴起对军队的洗礼正可视作魏军的软实力。

商鞅变法前，秦国军事硬件不错，兵力不俗，又因远离中原，地缘战略优势明显。但秦军的软实力却很拉胯，叶自成认为，秦军虽然人数众多，但战斗力不强，"缺乏名将和先进军队组织与制度建设，缺乏先进的战略战术引领"，所以，他们在与强魏交锋时败多胜少。

商鞅变法既为秦国富强而生力，也为秦国强兵而抟力。为打造出一支战无不胜的虎狼之师，商鞅在硬件和软件优化上都下足了功夫。

秦国人口不少，兵力也够多，但商鞅仍不满足，在"寓兵于农"的基础上，商鞅又用新法充分压榨国内的战争潜力，换句话说就是不遗余力地扩大军队规模。

为此，商鞅变法时出台了几项针对性措施：

第一，强化户籍管理制度。

很多历史爱好者发现，古代中国的人口总数波动十分诡异，特别是改朝换代之际，人口暴跌幅度令人难以想象。据葛剑雄主编的《中国人口史》可知，西汉末年中国人口从6000万跌至3500万；东汉末年人口又从6000万降至

2300万；唐朝安史之乱前人口还有7000万，到北宋初年又只剩下3000多万。

学者普遍认为，改朝换代的战争当然残酷，但人口下降幅度如此之大绝非战争这一个原因，百姓逃亡、隐匿也是人口数字断崖式下跌的主因。

囿于交通、通信等方面的限制，户口问题一直困扰历朝历代，先秦时期的情况可能更为严重。为尽可能地压榨国力，各国都在户籍管理制度上狠下功夫。商鞅在秦国的变法同样在此着力。

在秦献公改革的基础上，商鞅强制进行户口登记。《商君书》中提出，全国范围内，无论男女生下来就得登记在册，死后才允许削籍。户口登记有利于国家征收赋税，更利于秦国征兵。再加上商鞅用法律限制百姓的流动，使得秦国户籍制度空前严密，有学者称"在中国历史乃至世界历史上，商鞅是创造严格的户籍管理制度或户籍法的第一人"。

在此制度下，秦国想要征兵打仗只需按册索人，战争动员不过是一蹴而就的事儿。

第二，规定严格的服兵役年龄。

秦国男性从什么年纪开始需要服兵役？这点历来争议不休，有人根据汉朝的标准，推断秦国男子从23岁开始要服兵役；也有人查证《史记》中的记载，认为秦国男子到了15岁就要服兵役。后来云梦秦简出土，有学者根据竹简计算出秦人"喜"从17岁开始第一次服兵役，所以又有了17岁的说法。

这里我们采纳最后一种说法，以"17岁"为商鞅制定的初始服役年龄。而秦人一般要到60岁才能免除兵役，所以秦国普通壮丁的服役年龄在17—60岁之间。考虑到战国时期的人口寿命，我们可以认定，秦国至少有三分之二的男性需要从军报国，这个比例相当惊人。据第七次人口普查数据，当今中国男性人口约为7.2亿，15—59岁人口占比63.35%，假如沿用秦国的兵役制度，需服兵役的人口总数超过4亿，而且都是强制服役。

需要说明的是，秦国百姓并非终身服役，不是说从17岁开始就要一直当兵直到60岁或者死亡，一个普通人需要多次服役，每次服兵役都有固定期限，服役期满便可复员回家，等待下次征召。即使如此，强制兵役下的军队人数还是相当庞大，更别说还有全面战争状态下的全面动员。

常规的兵力扩充还不够，《商君书》还提出守城时要人尽其用，组建三军：壮年男子为一军，壮年女子为一军，男女中老弱之人还要组成一军。

这已经是事实上的"全民皆兵"了。

在全民皆兵的制度下，秦国拥有绝对好看的纸面实力，兵力虽然不是决定战争成败的唯一要素，却也是不可或缺的要素。

对军队进行硬件重塑的同时，商鞅也注重其软实力提升。

后世谈商鞅，说他是改革家、政治家，往往忽略了商鞅也是治军方面的实力派，他曾多次担任秦军主帅对外攻伐，战果不菲，所以称其为"军事家"也不为过。这也不奇怪，商鞅深受吴起影响，后者正是战国初期的兵家翘楚。

《商君书》有专门论述战略、战术、战法的篇章，如《战法》《兵守》，对战争的见解也十分独到，稍举几例我们就可一斑窥豹。

第一，知己知彼，百战不殆。

这条军事法则出自《孙子兵法》，《商君书》也有异曲同工的描述。商鞅认为，出动军队前，要衡量敌国的实力，如果不如对方安稳，就不要开战；如果粮草储备赶不上对方，就不要打持久战；如果兵力比对方少，就不要主动进攻。

商鞅变法期间，秦国几度对魏用兵都是趁着魏国多线作战，内部空虚，由此可见商鞅贯彻了自己的兵法。

第二，穷寇莫追，谨慎用兵。

商鞅坚决反对轻敌冒进，认为这会让三军疲惫，而且极有可能陷入绝境。为求稳健，他提出大获全胜时追敌不要超过十里，如果只是小胜，追敌时不要超过五里，并且告诫统帅，胜不骄败不馁，不管战争胜败如何，都要搞清楚原因。

第三，综合实力决定战争成败。

商鞅认为战争不只是战场厮杀，政治、民情以及统帅的决策也是决定成败的关键。政治上体现为战略战术的眼光，民情上体现为全国上下一心，统帅决策体现在料敌于先，做到这几点，"则国富而兵盛"。

商鞅的治军用兵之道可大可小，既有地缘战略上的高瞻远瞩，也有攻守作战时的细致入微，商鞅变法后秦军战力猛增，商鞅功莫大焉，也怪不得班固说："吴有孙武，齐有孙膑，魏有吴起，秦有商鞅，皆禽敌立胜。"可见"军事家"这一称谓对商鞅来说也算实至名归。

还记得前文卖的那个关子吗——荀子评价齐国军队个人英雄主义盛行，魏国武卒过于养尊处优，他是怎么评价秦国军队的呢？

荀子一语道破秦军强悍的秘诀："秦国用奖赏诱惑民众，又用刑罚迫使他们参战，秦人求取功名利禄只有参军这一条途径。由于功劳越大，奖赏越多，这使得秦人踊跃参军，他们兵员最多、战斗力最强。"

荀子感慨道："秦军历代都有战果，并不是侥幸，而是必然的啊！"

"用奖赏诱惑民众，又用刑罚迫使他们参战"，荀子所说的正是商鞅治军时的最大"杀招"，也是秦军软实力突飞猛进的制度根源——军功爵制。它为秦国打造出了一支虎视六国的雄狮劲旅，纵横家张仪对秦军"左手提人头，右臂挟俘虏"的战力渲染也由此而来……

在秦国当兵有没有盼头

云梦秦简《封诊式》记有秦国邢丘战斗中的两起军功纠纷：

第一起：一天，某小吏带着一名被捆绑的士兵甲和一颗首级前来告状，两人身边还跟着另外一名士兵乙。据小吏说，他在军队驻地看到士兵甲用短剑击伤乙，并抢走乙斩获的首级，因此将二人带来请上级明鉴。最后官方认定人头系士兵乙所斩。

第二起：两名军人为一颗人头的归属争执不下，闹到官府。经官方查验，发现头颅有发髻，头右上角有一处伤口，长达五寸，深可见骨，且伤口光滑，像是短剑所伤。于是官府张贴布告，让附近有失踪或没有回家的人的人家前来认领。（战场上士兵一般用矛、戟、戈等长兵器，官府见头颅上有短剑伤口，认为二人杀良冒功的嫌疑很大。）

为什么秦国士兵对"首级"如此痴迷，为此他们不惜与同袍刀剑相向，甚至杀良冒功？

追根溯源当然又是商鞅。

前已述及，商鞅变法的两条主线，一是生力，二是抟力。从导向关系上说，生力和抟力的目标都是"战"，《商君书·农战》一语道破个中玄机："抟民力，以待外事。"在商鞅看来，战争即杀力，也是民力的最佳泄洪口。

何谓"杀力"？《商君书》里说："夫圣人之治国也，能抟力，能杀力。"英明的君主既要能凝聚民众的力量，还要能引导民众的力量一致对外，否则这股强大的力量会导致内部的动乱。集中民力参加战争就是杀力，按《商君书》的说法，一个只会抟力而不会杀力的国家必乱，而战争就是杀力的最好手段，它不光可以转移国内矛盾，还可以通过武力掠夺扩张领土，积累财富。

这也是商鞅将"农战"视为变法核心时的考量，所以，当铺天盖地的农业改革席卷而来时，商鞅也在军事制度上除旧布新，寻求强兵之道。为此，商鞅再次借用管仲的"利出一孔"，提出"利禄官爵抟出于兵"，也就是所有的奖赏都出自战功。

严格来说，商鞅制定的"军功爵制"也非原创。《左传》记载"庄公为勇爵"，说的就是齐庄公为勇士设立爵位，王耀海认为其性质和作用与秦国的军功爵制完全相同。

齐国之外，春秋时期的楚国、宋国包括秦国都有因功授爵的传统。战国时期，山东六国都有各自的军功爵制，也起到了一定的效果。李悝提出"食有劳而禄有功"，也是重赏军功，打造出一支所向披靡的"魏武卒"，与之相似，吴起在楚国变法中"均其爵、平其禄"，对军功不吝赏赐，使得楚国军貌焕然一新。

兼收并蓄一直是商鞅的强项，在改革军功制度上，他再次展示了"纳故吐新"的能力，既吸收前人的成功经验，又融入自己的远见卓识，使得这套制度独具商鞅色彩。

商鞅制定的军功爵制的第一个显著特征是"奖赏分明"。

根据秦国旧有传统，商鞅重新制定了一套二十级的爵位制度（另有十七级一说），第一级是公士，第二级是上造，直至二十级彻侯。（见表1）

厘清等级的同时，商鞅也规定了授爵条件和待遇。

据《商君书》，秦国士兵斩得敌首一颗就赐爵一级，同时还赏田地、住宅和庶子（仆人）。对普通士兵来说，这一级爵位的奖赏就够意思了。值得一提的是，"敌首"并不是随便一颗敌人的脑袋，《商君书》中的定义是"甲首"，也就是带甲士兵的首级，指的应该是敌军的精英。

诸多赏赐中，"庶子"最为特殊。不同于奴隶，庶子也可能是平民。根据规定，有爵位的人可以要求没有爵位的人做他的"庶子"，每一级可以要一个。不打仗的时候，庶子每个月要给主人服务六天，主人家的脏活、累活都可以交给庶子来干。打仗的时候，庶子得跟着主人一同出征，帮他做饭、洗衣之类。

一个贫穷的农民，一旦斩首立功，他可以指定自己无爵的亲戚、好友、邻居做自己的庶子。庶子与主人存在明显的封建依附关系，因此，历史学家朱绍侯将秦国有爵位的人称作"军功地主"。

一个赤贫的农民，只需一颗脑袋就能摇身一变成为地主，爵位的诱惑力可想而知。

这还只是一级爵位的赏赐，按商鞅的爵位等级，级别越高，收获越多。比如到第四级不更时，你就可以免除更役（兵役的一种）；如果爵位是公大夫，见到县里的一把手你也只需作个揖。

有人认为商鞅变法时的军功爵制限制极多，普通百姓最多只能升到四级不

表1　秦国二十个爵位等级

等级	爵位
1	公士
2	上造
3	簪袅
4	不更
5	大夫
6	官大夫
7	公大夫
8	公乘
9	五大夫
10	左庶长
11	右庶长
12	左更
13	中更
14	右更
15	少良造
16	大良造
17	驷车庶长
18	大庶长
19	关内侯
20	彻侯

更。朱绍侯考证后认为，秦汉时期的爵位的确存在升级限制，"一般士兵想获高爵已不可能"，但商鞅变法时的爵位可以逐级晋升，畅通无阻。

打开底层上升渠道的同时，商鞅又堵住了贵族坐享富贵的后门。李悝变法时针对"世卿世禄"的世袭制度已有改革，商鞅更进一步规定，"宗室非有军功论，不得为属籍"。

对世袭贵族们来说，这条规定无异于晴天霹雳。新法之下，宗室成员都得放下身段去战场上搏个功名，那些普通贵族就更不用说了。商鞅这么做一方面是"抟力"的需要，另一方也是为了打击旧贵族势力，让他们为新兴的地主阶级腾位让贤。

商鞅变法使得"富贵之门必出于兵"，至少体现了一定程度的"人人平等"，秦国地不分南北，人无分贵贱，都只有奔赴战场这一条光荣之路。

当然，宗室贵族获取军功的难度与普通人不可同日而语。商鞅变法时也没有规定贵族必须从小兵干起，也不是非得上阵砍"敌首"，与平民相比，贵族获爵的难度要小很多。

《商君书》里规定，一场攻城战斩首八千以上，一场野战斩首两千以上，从士兵到各级军官都可以获得奖励，其中"大将、御、参皆赐爵三级"，即都可以连升三级。大将是战争的指挥官，连升三级合情合理。但"御"就是给大将驾车的司机，也升三级似乎有些滥赏；"参"是与大将同乘一车的随从，虽然也为战斗出力，可与那些上阵厮杀的士兵相比，连升三级也有些过于照顾的嫌疑。

更重要的是，将军司机、随从这些职位，显然不是普通百姓能轻易获得的。不需史料考证，稍微揣摩一下人性我们就能得出一个结论：有权有势的贵族必将垄断这些轻松的镀金职位！毕竟，在有选择的情况下，谁愿意冒着生命危险去攻城野战？对贵族来说，升爵也可以是"躺赢"，只要跟大将坐在一辆车上，等仗打赢爵位就到手了。比如秦惠文王的弟弟樗里子，他在《史记》中出道便是"右更"，并以此身份带兵攻魏。有学者猜测樗里子应该是少年从军，靠着随军战功迅速升上来的。与之对应的是本书主角商鞅，他协助秦孝公颁布《垦草令》，并以左庶长的身份开始第一次变法，起点比樗里子低了好几级。此后他又是力行变法，又是上阵杀敌，可以说是厥功至伟，但他最终的爵位也不过是大良造。

只能说，在那个特殊的时代，公平是相对的，不公平才是绝对的。饶是如此，商鞅的军功爵制还是将贵族赶向了战场，其意义不可小觑。

商鞅剥夺贵族世袭特权的同时，又赋予了爵位一定的特权，这是商鞅军功爵制度呈现出的另一大特征。

第一种特权是抵罪。你没看错，秦国的爵位可以视作一种"赎罪券"。按《商君书》里的意思，爵位可以直接抵罪，比如一级公士犯了轻罪，抵罪后就不用受罚，身份变成平民。如果你的爵位是二级上造，抵了一次罪还能保留一级爵位。一些重罪也可以用爵位减轻处罚，比如《秦律·游士律》记载，拐卖秦国人口出境，如果是一级公士得罚去"城旦"，即白天站岗，晚上修城，这是一种严厉的徒刑。如果你是二级上造，处罚就变轻了，只需要去官府干一些体力劳动。

第二种特权是赎身。据云梦秦简中的相关记载可知，如果父母因为犯法变成奴隶，一个二级以上爵位的人可以用爵位替他们赎身；如果妻子是奴仆，一级公士也可以退掉爵位换取妻子的人身自由。

第三种特权是排场。商鞅规定不同等级的爵位有不同的待遇，吃穿用度也有不同，以此彰显爵位尊荣。不仅如此，商鞅让他们生前阔气，死后也要让他们高人一等，根据《商君书》里的说法，有爵位的人死了坟墓旁边可以种树，一级一棵，二级两棵，以此类推。将特权细化到殡葬礼节上，可见商鞅之煞费苦心。

总而言之，秦国只有当兵这一条出路，为了让这条赛道足够诱人，看起来商鞅甚至改变了法家"重刑轻赏"的原则，真正地让军功成为每个秦人眼中的"香饽饽"。

如此说来，在秦国当兵似乎很有盼头，只要足够努力，飞黄腾达、光宗耀祖都是水到渠成的事。

如果你真的这样想，那只能说你还是把商鞅想得太简单、太纯粹了，他改革军功爵制的目的是"强兵"，而治军重在赏罚分明，有赏必有罚，接下来，商鞅将会为你展示什么叫地道的"法家权谋"。

什么是最古老的绩效考核

云梦睡虎地秦简出土后曾引起一桩针对司马迁《史记》的公案。

据《史记·陈涉世家》记载，陈胜、吴广等人出发前往渔阳戍边，因大雨阻断道路，行程被耽搁，陈吴二人"度已失期，失期，法皆斩"，反正都要死，二人决定揭竿而起。

秦朝灭亡后，"暴秦"名声在外，《史记》对秦朝苛政的记述不在少数，《陈涉世家》的记载自古人们也是深信不疑。

但睡虎地秦简出土的《徭律》让这种共识出现裂痕。《徭律》中有这样一段：

御中发征，乏弗行，赀二甲。失期三日到五日，谇；六日到旬，赀一盾；过旬，赀一甲。其得也，及诣。水雨，除兴。

这段话的大意是：朝廷征伐徭役，如果拖延不应，罚交两副铠甲。迟到三至五天，斥责；迟到六至十天，罚交一面盾牌；迟到超过十天，罚交一副铠甲。征发人数凑齐后，应该尽快送到服役地点。如果因下雨导致不能动工，那就免除本次苦役。

由此可见，《徭律》中对"失期"的处罚是很轻的，连秦法中的肉刑标配都没有，都是训诫、罚款一类的轻刑。

据此，许多学者开始质疑《史记》《汉书》的记载。于敬民在《"失期，法皆斩"质疑》中提出：《徭律》的规定和《史记》所载相去甚远，所以《史记》里的这段"难以令人置信"。

于敬民进一步认为，"失期当斩"并非秦律内容，"它与'鱼腹丹书''篝火狐鸣''诈称扶苏项燕'一样，只是一种发动起义的策略手段"。

持有类似观点的学者不在少数。金菲菲在《首都师范大学学报》的发文也以《徭律》中的记载为论据，得出《史记·陈涉世家》中记载"失期当斩"不可信，她甚至认为这只是"借助这些士伍力量为自己实现长远之志的一个堂皇的借口，而这些士伍也是被陈胜吴广利用的棋子而已"。

针对这些质疑的回应也是连篇累牍，秦汉史专家王子今认为"陈胜、吴广'適戍渔阳'即直接赴边防前线极可能执行作战任务"，既然是去打仗，就不能以徭役标准来执行，而应当参照"戍役"的规定。

戍役与徭役截然不同。前者执行的是军法，相当严苛，继承秦制的汉代也有严惩"失期"的案例，不过一般都是处决带头的将领，没有"失期就全部斩首"的史料证据。所以，后世学者推测，如果司马迁记载无误的话，只能说明秦朝一统天下后加重了戍卒失期的惩罚。

不管怎么说，以徭役的规定来推翻《史记·陈涉世家》中的说法显然是不足为信的。并且秦朝军制沿袭了商鞅变法时的诸多设定，其酷烈是有据可查的。

为了生存和对外扩张，商鞅改革军制，以军功爵制为基础，鼓励民众通过战争改变命运。但商鞅作为法家弟子，主张的是"重刑轻赏"，《商君书·去强》说，"王者刑九赏一，强国刑七赏三，削国刑五赏五"，也就是说一个国家想要强大，在奖惩上面，最低要求也得"三七开"，如果想要称王称霸就得"刑九赏一"。《商君书》也给出了这么做的原因：只有重罚轻赏才可以让民众对统治者又爱又怕，奖赏过度只会激发人们的贪欲。

这是商鞅"以罚治军"的理论考量。

作为一名实用主义者，商鞅可能也察觉到了"军功爵制"的现实短板。

商鞅之前，李悝、吴起等人在魏国实行类似的政策，以不计成本的财政供养打造出一支所向披靡的"魏武卒"。李悝变法时期，魏国农业大发展，国力强盛，尚能勉强对付。可到了后期，随着变法红利期的消失，魏国国力增长乏力，再去供养这样一支规模庞大的部队明显有些捉襟见肘。桂陵、马陵之战中，魏武卒仅剩的精锐损失殆尽，魏国根本无力重组魏武卒，这支劲旅迅速消失在历史长河中。

如果商鞅只给出上升通道，可以想见，在要不了多久的将来，秦国国力必然也会被这套制度拖垮。试想一下，一级爵位就可以分得一百亩田、九亩住宅地、仆人，在往上还有免役特权和各种等级的俸禄，长此以往，哪个国家也不能负担得起如此巨大的成本。

为了激发民众的战斗意志，军功一定是要奖赏的，不给好处谁愿意提着脑袋上前线？但也不能只赏不罚，否则赏赐过度，爵位泛滥，这一制度就会反噬秦国。

一种可行的办法是提高军功的认定标准或者降低爵位的福利待遇，比如说"得甲首一颗"改为两颗、三颗甚至更多或者爵位待遇相应减少。

这样做的好处是可以减轻国家的负担，让爵位成为真正的香饽饽。但有得必有失，这么操作的话民众获爵门槛太高，所获赏赐太少，他们杀敌立功的动力也就不足了。

商鞅没有这么干，而是采用了一种"以罚平赏"的特殊手段。

比如《商君书·境内》规定，一百人设一将，人数越多，将领的级别越高，这些将领都配有持短剑的士兵，占其统领士兵数量的10%。在一场战斗中，如果将官战死，这些士兵依法都得处死。

当然也有免死的办法，那就是立功，"能一首则复"，只要斩获敌人的一颗首级就能免于刑罚。也就是说，一级爵位可以直接用来抵罪。

爵位抵罪不只在战场上可行，上一节中讲过，获得爵位的人平时犯法也可以"降爵抵罪"，此外，还可以用爵位来为犯法的父母、妻子赎身。

商鞅的法律以严密细致著称，犯法的门槛极低。如果你没有爵位，该罚款就得交罚款，该砍手就得砍手，代价太大了。

这种情况下，"降爵抵罪"的诱惑可想而知。获得一级爵位就可以抵罪，爵位越高抵消越多，爵位成了护身符，民众当然会趋之若鹜。对国家来说，这点尤为重要，民众犯法是常事，用爵位抵消轻罪无损法律威严，爵位给得再多也没关系，除非他和家人一辈子不犯法，不然总有往回收的时候。

通过这种回收机制，国家可以灵活控制爵位数量，也可以避免爵位泛滥导致财政乏力，重蹈魏武卒的覆辙。

与魏武卒等职业军人不同，商鞅变法强调的是"寓兵于农"的政策，百姓平时种地，到了一定年纪就得为国服役。据史料记载，服兵役的农民还得自备粮食和衣物，本书引子中说过，黑夫和惊也是要家里寄送夏天的衣物，由此可见，秦国养兵的成本不会太大，只要爵位不存在滥发滥赐，秦国的财政负担就不会太大。

可能有人会想，军功难得，爵位易失，那我就"躺平"好了，平时谨小慎微，奉公守法，政府于我何加焉？

这时，商鞅变法的制度严密性就体现出来了。在"全民皆农、全民皆兵"的农战政策下，军功爵制还有倒逼民众奋勇争先的奇效，那些试图以"躺平"来消极对抗的人也将付出巨大的成本。

举个简单的例子，根据商鞅的军功爵制，一旦你获得爵位，除了实物赏赐外，还可以获得"庶子"。庶子从哪儿来，还不是那些没有爵位的人。这就意味着，如果你一直没有立功，当一辈子平民，某天政府官吏可能就会敲开你家的房门，告诉你邻居家谁谁谁立功了，现在你是他的"庶子"，每个月得去对方家里干活，打仗的时候还得鞍前马后，不去就等着受罪吧！

此外，秦国还准备了连坐法和告奸法，一个人再怎么奉公守法，总做不到让别人也跟你一样不犯法吧！万一邻居犯法你得连坐，冤不冤呢？

这也是一种变相的惩罚。政府的确没有拿着刀逼迫你去拼命，可如果你真的佛系随缘，那么达摩克利斯之剑总有一天会落下。

凡此种种已经足够说明，对一个生活在秦国的普通农民来说，他唯一的出路就是上阵杀敌、立功报国，讲得更严肃些，这可能也是唯一的"生路"。

商鞅在军事上的改革无疑是成功的，这种类似现代绩效考核的制度充分调动了秦国的民力，据《史记·商君列传》记载，变法之后，秦国"民勇于公战，怯于私斗，乡邑大治"，那支令山东六国闻风丧胆的虎狼之师自此而始！

假想：一个秦国农民的从军小记

你是一个生活在秦国的农民，那年你已经 17 岁，到了服兵役的年纪。你很早就听亲朋说过新法，也亲眼见证过村里某某一家发迹的故事。

那家的儿子本来是个顽劣之徒，送去当兵后立下大功，听说砍了好几颗人头。人还没回，县里就送来了爵位和赏赐。本来你还只是羡慕，后来又有些惶恐。原因是县里派人送来文书，要求你的父亲和村里另外一个人到那家去做"庶子"，每个月帮人家免费干活不说，还受一肚子气。(《商君书·境内》："其有爵者乞无爵者以为庶子，级乞一人。其无役事也，其庶子役其大夫月六日。其役事也，随而养之军。")

后来听人说那家的儿子战死了。虽然有邻里之情，但你还是替父亲开心，因为总是听母亲念叨说："那人如果没死，下次出征时父亲就要倒霉，保不齐得跟着上前线伺候人家去。"

唉，谁叫人家是上造呢？

你跟父母已经分家，还没结婚，在父母老宅边上盖了间小房子。弟弟妹妹还小，跟着父母生活。(《史记·商君列传》："令民父子兄弟同室内息者为禁。"禁止父子兄弟同室而居。)

那天，县里送来了你服役的文书。父亲得知后开心极了，他特地拎来一壶自酿的黍米酒，跟你喝了几杯。饭桌上，父亲说的最多的就是"争口气，不要再让人踩在脚下"。(云梦秦简《军爵律》："从军当以劳论及赐。"从军打仗的应当按功行赏。)

没过多久，你和村里的几个后生要出发了。临行前，父母、弟弟妹妹都来送你，你看到母亲的眼睛红红的，像是刚哭过一场；你看到妹妹手足无措，似乎很舍不得你走；你转头望向弟弟，他已经和父亲差不多高了，要不了几年也该上战场了。

父亲开口说话了，声音低沉又坚定："记住，拿不到军功就别回来了！"(《商君书·画策》："不得，无返。")

弟弟从身上掏出一把骨刀，那是他磨了半个月的成果，他说要送这个给你防身用。你笑了笑，摸摸他的头，收下了。弟弟突然凑到你耳边，小声说道："母亲让我跟你说，在外面要本本分分，听伍长、什长的话，你要是犯了事，我们全家都活不下去。"(《商君书·画策》："失法离令，若死我死。"不遵纪守法，违抗了命令，你死我也得死。)

你再望向母亲，她却不忍看你，把头别过一边。

隐隐约约，你听到附近传来欢呼声，那是邻居家的送行队伍，他们世代家贫，因为穷，大儿子结婚时只能入赘到女方家里。(贾谊《治安策》："故秦人家富子壮则出分，家贫子壮则出赘。")

父母一路将你送出村口，这次服役的几个后生都是你的发小，互相打了个招呼，你发现他们精神焕发，背着行李都比平时走得快——你们结伴出发了。身后，送行的人群又开始喧闹，一个亢奋的声音传来："杀敌！杀敌！"(《商君书·画策》："民之见战也，如饿狼之见肉。")

你回头望了一眼，父亲直勾勾地盯着你，弟弟妹妹站在他身边，母亲却不见了踪影。也是后来你才知道，她躲在村口的那棵大树下，看你很久，一边看一边哭，直到人群散去，她还在那里痴痴地望着。

你们几个走了两天赶到县里，与服役的部队会合后，你们领取了各自的武器，你领到了一根铁制长矛。（云梦秦简《工律》："其假百姓甲兵，必书其久，受之以久。"这是描述秦国对公有武器的管理和发放。）

不久后，这支小部队又开拔了。走走停停个把月，你们终于来到边境。不远处有条河，对岸就是魏国，秦国的死敌。

你和几个发小第一次走进军营，认识了你们的伍长、什长，他们都是你的同乡，初次见面还有说有笑。

列队时，你见到了你的屯长和百将，他们两个长得很像，个字都不高，皮肤黑黝，百将的脸上还有条很长的疤。他们看起来很严肃，嗓门也很大，不像是好说话的人。

屯长管着五十个人，百将管着两个屯长。

你们都是农家子弟，平时种田练就了一身蛮力，新兵训练对你们来说就像小孩过家家，一天下来还没耕田累。

和你一样，大部分新兵都期待着即将到来的战争，但也有胆小鬼开小差。那天你看到几个人押着一名衣衫褴褛的小卒。听屯长说，这人逃避兵役，服役期没满就脱离部队，被地方上送回来了，说是要加四个月服役期。

小卒口呼"冤枉"，自称"是别人搞错了，不是我搞错了"。（云梦秦简《屯表律》："冗募归……赀日四月居边。"应服兵役的士兵返乡，如果不能证明自己服役期满，罚居边服役四个月。）

你没有理会这段小插曲，和同伍战友一样，你期待着即将到来的战争。

第一次战斗终于来临。这天，百将带着你们一百号人，和大部队一起蹚过那条小河，偷偷摸进魏国境内。

你们以为这会是一场出其不意的偷袭，结果魏国早有防备，半晌的工夫，你们就被魏军合围，大事不妙。

一阵弩箭射来，身边的人像地里的麦子一样倒下，你赶紧卧倒，身后乱糟糟的，原来是有人擅自撤退。你知道，与他们同伍的人要倒霉了。(《商君书·境内》："一人兆而到其四人。"同伍之人一人逃跑其他四人斩首。)

眼见魏军蜂拥而来，上头终于下达了撤退的命令。渡河上岸后，你远远看见一辆战车，上面站着一位全身覆甲的大将，他正在观察战场形势。同行的什长告诉你，车上的人是国君心爱的大将，他身边的随从都说是国君的亲戚，打了几场仗就做到了右更。

你又看了一会儿，浮想联翩。

回到驻地，你发现战友们并不失落，一个发小说："小输一场怕什么，明天再来。"

晚上，军营中有人唱起歌谣，那是你从未听过的旋律：

岂曰无衣？与子同袍。王于兴师，修我戈矛，与子同仇！

岂曰无衣？与子同泽。王于兴师，修我矛戟，与子偕作！

岂曰无衣？与子同裳。王于兴师，修我甲兵，与子偕行！(《诗经·秦风·无衣》)

歌声环绕，你沉沉睡去。

一夜过后，你没有等来战斗任务，倒是亲眼看见了一次公开行刑。

刑场上跪着二十多个人，其中几人你还认得，他们都因同伍之人逃跑而连坐。一声令下，二十多人全部被杀。

这边行刑刚结束，那边军士又押上来两个人。你有些摸不着头脑，军官解释过后你才明白，原来这两人犯的是"誉敌罪"，昨天回到营中，他们两个被吓破了胆，竟然说魏军兵马比我们强，弓弩射得比我们的远。

这是死罪。他们死得很惨，身体被长矛捅穿，手脚也被砍断，丢得到处都是，军官还将他们的头颅拿来示众。(云梦秦简《法律答问》："誉敌以恐众心者，戮。"赞扬敌人扰乱军心的，处以戮刑。)

这段小插曲很快就被你忘记。不久之后，部队又下达了集结进攻的命令。

这次进攻时间定在黎明。在此之前，上级早已派出敢死队，拔掉了敌人的几处岗亭。这些你都是知道的，头一天军营里就在招募敢死队，你想参加，也报了名。后来自愿参加的人太多，上级决定只用老兵，你和几个发小都被刷下来了。（《商君书·境内》："其陷队也，尽其几者。"敢死队的士兵，尽量用那些志愿参加的人。）

敢死队拔掉那几处岗亭后，大部队趁机渡河，此时天已大亮。魏军察觉到这次进攻时，你距敌营近在咫尺。

仓促之间，魏军的抵抗越来越弱，战争开始一边倒。你和战友们都杀红了眼，见着敌人就砍。你还看到有人裤腰上挂着血淋淋的人头……对你们来说，这是一场酣畅淋漓的大胜。战斗结束后，你也手提两颗人头，身体因高度亢奋还在发抖。（《战国策·韩策一》："秦人捐甲徒裎以趋敌，左契人头，右挟生虏。"秦兵即使不披戴盔甲，赤身裸体，也能把敌人打败，左手提着人头，右手挟持着俘虏。）

你很期待即将到来的爵位，听说两颗人头可以换二级爵，赶上那位已经战死的邻居了。这是你们全家梦寐以求的结果。

领队开始清点人头，并一一核实战功。你将敌首交上，领队说要核实人头是否属于"甲首"，他问了什长，问了伍长，甚至还找到了尸首验证。最后，他只认定其中一颗有效，另一颗人头只是个徒兵（普通士兵）。

你听说过这条规定，可作战时只顾着砍杀，竟然把这茬儿给忘了。有点失望，不过你很快又安慰自己，一级爵位公士也不错，家里又可以添一百亩田地，还有住宅地，还有仆人。（《商君书·境内》："能得甲首一者，赏爵一级，益田一顷，益宅九亩，除庶子一人。"）

最开心的是你们屯长，这次他的队伍斩获的有效首级超过三十三个，他也要升爵了。（《商君书·境内》："其战，百将、屯长不得首，斩；得三十三首以上，盈论。"）

部队将各人斩获的人头集中到一起，展示了三天，又核实了一番，确认无误后，将军会论功行赏，属于你的那份将由县里落实到家。（《商君书·境内》："以战故，暴首三日，乃校三日，将军以不疑致士大夫劳爵。"）

一个月后，你收到家里的来信：国君赏赐的爵位收到了，你成了一级爵公士，田地、住宅地正在落实，父亲让你给家里要一个庶子，最好是身强力壮的，能给家里多干活。信中，父亲已经帮你物色好了庶子人选，那是一个与你家素来不睦的邻居。

听军营书吏念信的时候，你心里已经乐开了花。

你满脑子想的都是再上战场，再挣军功。恰逢那几年秦国到处开疆扩土，战事不断。身边的发小倒下去两个，父亲来信说，他们的家人也收到了爵位赏赐。（云梦秦简《秦律杂抄》："战死事不出，论其后。"）

可能是上天庇佑，你几次命在旦夕都转危为安。你幻想步步高升，可总有一道无形的枷锁困住你，让你止步不前。

比如说，在你又一次斩首立功升至上造时，仅因某次站岗时的疏忽，上头就要论你的罪。不得已，你只好拿爵位抵罪，辛苦一年多，又降为公士。（云梦秦简《秦律杂抄》："徒卒不上宿……擅下，人赀两盾。"站岗时未到规定时间离开的，罚交两面盾牌。）

此后，你屡上屡下，服役期结束时你也只是个上造，二级爵位。

古来征战几人回，苦熬多年，你总算还是返乡了。回来的那天，母亲喜极而泣，说要给你张罗个媳妇儿，现在你是爵位在身的人，找个好人家的姑娘不会很难。

本来你家境一般，有了爵位和赏赐，家人的日子好过了很多。你的那间土茅房边上又多了一间房子，那是弟弟未来分家的住所。

可是，变故接二连三地袭来。某一天，伍长找到你，说你的父亲种田时跟人争抢水源，还动了手，被官府抓了，马上要论罪。你找了很多关系，好说歹说，总算用爵位救回了父亲。（《商君书·境内》："爵自二级以上，有刑罪则贬。"二级爵位以上的人，犯了罪就降低他的爵位。）

这下，你又成了公士。

你心有惶恐，担心又有变故再次降爵，迫切期待再次服役，从军出征，杀敌立功。可惜的是，还没等到服役，与你同伍的邻居犯事了，由于没有及时举报，你受到牵连，最后一级爵位也抵了罪。（《史记·商君列传》："令民为什伍，而相牧司连坐。"）

某个寻常的午后，你在田地里干活，身边一头老牛正在田埂上吃草。突然你感到一阵寒意袭来，回首这几年，春也没春过，秋也没秋过，只换得遍体鳞伤，一切仿佛又回到了原点。

深深的不安感再度袭来，你一屁股坐到田岸上，又一次无奈地幻想着二次服役：

再去当兵时，我一定要好好表现，一定要多杀敌，一定要多斩首，一定要……

叁

至死不变：秦国强而商鞅亡

第六章　帝国的雏形

商鞅变法期间，秦国的主要敌人还是魏国。这一时期秦魏之间爆发多场战争，秦国占尽了便宜。但这并不意味着秦国已经拥有霸主地位。只能说，商鞅变法给了秦国变强的底气，但变法需要时间发酵，秦国距离成就霸业还有一段时间。

　　更有意思的是，秦国经历变法的同时，山东诸侯也有亦步亦趋的举动。韩国申不害、齐国邹忌也纷纷在商鞅之后开始变法。在此之前，还有管仲变法、李悝变法、吴起变法，战国七雄个个求变，也都卓有成效，但是他们终究是昙花一现。只有商鞅从中脱颖而出，造就了秦帝国的雏形。

秦国什么时候变得能打了

公元前 350 年，秦孝公将都城由栎阳迁至咸阳，正式开启"咸阳时代"。从地理位置上讲，咸阳地处栎阳西南，距离山东六国更远，这是一次毫无争议的内迁。

春秋战国时期，国都内迁屡见不鲜，比如魏国原本定都安邑，与秦国相去不远，秦国强盛后，为避秦人锋芒，魏惠王将国都迁至大梁。与魏国迁都类似，许多诸侯国为求自保都曾内迁。

而秦国的这次内迁却不一样。栎阳更靠近边境是没错，但定都栎阳是秦献公时期为巩固秦国东部防线的权宜之计，换句话说，丢失河西之地后，秦国迫于无奈才使出这么一招"君王守国门"。

而迁都咸阳的意义则大不相同。虽说新都距离边境更远，但其地处渭河平原，南临渭水，东控函谷关，是柳宗元笔下"都六合之上游，摄制四海，运于掌握之内"的战略要地。

所以，尽管咸阳地理位置偏西，后人仍然认为此次迁都是秦国"东进国策"

的落实，秦国立足咸阳后，东出函谷、问鼎中原的霸业已然箭在弦上。

商鞅变法带来的成果无疑是秦国东进的底气。

《史记·商君列传》对商鞅变法的完整评价是："行之十年，秦民大说，道不拾遗，山无盗贼，家给人足。民勇于公战，怯于私斗，乡邑大治。"

司马迁厌恶商鞅的为人，却没有否定商鞅的功绩，"乡邑大治"，这无疑是对商鞅变法的无上褒奖。

《汉书·食货志》从经济角度出发，认为商鞅变法利于当世："虽非古道，尤以务本之故，倾邻国而雄诸侯。"班固认为，商鞅没有以古法治国，但贵在务本，无上限的重农政策是秦国"雄诸侯"的倚仗。

《盐铁论》对商鞅的评价与班固如出一辙："秦任商君，国以富强，其后卒并六国而成帝业。"

战国时期没有 GDP 统计，史料中也没有记载商鞅变法前后秦国的农业数据，但从这些宏观评价及秦国自孝公之后的崛起之路来看，商鞅变法的经济成果应当是斐然的。

对外战争也是检验变法成果的试金石。《汉书》所说的"倾邻国而雄诸侯"，以及《盐铁论》中的"卒并六国而成帝业"，都可视作商鞅变法带来的长尾效应。

"死后验尸"可以证明商鞅变法的价值，但并不是说商鞅在世时秦国仍在韬光养晦。事实上，商鞅的这种"亢奋型法治"（王耀海语）早就让秦国的霸主地位初见雏形。更有意思的是，商鞅变法期间，秦国的对外战争也如同变法本身一样渐入佳境。

公元前 358 年，商鞅颁布《垦草令》的第二年，秦国与韩国爆发西山之战。这是商鞅变法后秦军首次对关东诸侯主动出击，并取得大胜。西山之战并不知名，史书上只有寥寥数语，但其意义却非同寻常，有人称其实为"秦国意图东出、窥伺三晋的重要标志性事件"。

当然，这场胜利很难说是商鞅的功劳，毕竟此时他入秦不久，刚刚颁布

《垦草令》，还未正式变法，秦国面貌不可能有多大改观。但是，随着变法逐步落地生根，商鞅思想与秦国土壤产生了剧烈的化学反应，商鞅对秦国的显性影响逐一浮出水面。

公元前354年，趁魏赵相争，秦孝公派军偷袭魏国，进攻魏河西长城的重要据点元里（今陕西澄城县南）。此战秦军大胜，斩首七千余人并夺取少梁（今陕西韩城南）。在此之前，秦魏在河西之地拉扯数十年，少梁一直是河西争夺战的关键，它不仅控制着黄河西岸的夏阳渡，还扼守秦魏两方南北往来的咽喉，丢失少梁后，魏国河西之地岌岌可危。

商鞅擅长治国，用兵也不含糊。他清醒地认识到，魏国是秦国的头号大敌，秦国的生存压力多半来自魏国，二者势同水火，不是魏兼秦就是秦吞魏。

恰逢魏国那几年对外战争连连失利，商鞅趁机向秦孝公进言："可以趁此机会攻打魏国，迫使其向东撤退，如此一来，秦国就能完全占据黄河及崤山天险。"

商鞅一语道破秦国未来统一六国的地理密码——以关中盆地为大本营，退可自保，进可窥视六国。

秦孝公采纳商鞅的建议。公元前352年，趁魏国多线作战无暇西顾之机，孝公任命商鞅为大良造，率军长驱直入，攻破魏国都城安邑。由于魏国此时正遭受各国围攻，国力空虚，魏王不得不放弃部分土地，以求息事宁人。

但这场胜利并没有持续多久。缓过神来的魏惠王意识到秦国已成心腹之患，他在第二年与东方各国结盟讲和，并从前线调回大将庞涓。公元前350年，魏军反败为胜，夺回安邑后大举西进。

魏国的反扑让秦孝公如梦初醒，他可能也察觉到碾压之势尚未形成，于是主动与魏国讲和，归还所得的魏地。同年，秦孝公再接再厉，命商鞅在秦国开始第二次变法，以求巩固并扩大第一次变法的成果。与此同时，秦孝公也从短暂胜利中品尝到东进的甜头，于是迁都咸阳。

作为秦国的死敌，魏国不想坐视宿敌强大。公元前344年，魏惠王在逢泽之会中确立了霸主地位，并打算与东方各国讲和，以消除东西两线作战的不利态势，全力对付秦国。

此时秦国已历经商鞅的两次变法，国力大增。但秦孝公不知胜算，听说魏国将要举兵来攻，他"恐之，寝不安席，食不甘味"。

客观上来说，秦国此时与魏国有一战之力，秦孝公顾忌的应该是两败俱伤，毕竟，魏国曾是战国的头部诸侯，当了几十年霸主，再怎么衰落，倾尽全力跟秦国掰掰手腕的能力还是有的。

作为秦孝公的肱股心腹，商鞅也察觉到君主的担忧，而他又是变法的发起人，必然不希望来一场全面战争导致变法中断，甚至造成现有成果得而复失。于是，商鞅审时度势，向秦孝公献出"离间计"，由自己出使魏国，离间魏与齐、楚的关系，这样不但能让魏国在战争泥淖中无法自拔，还能让秦国坐收渔利。

商鞅没有道出的另一个好处是，给秦国更多的时间，就是为秦国积攒更强的国力。

秦孝公闻言大喜，他派商鞅出使魏国。曾经的魏相中庶子回到故地，这次，他用三寸不烂之舌竟然让魏惠王不再针对秦国，又将战略重心转移至中原一带。

秦国解除了危机，继续积蓄力量，等待时机。

公元前 343 年，秦国的地位再次直线上升。这年，周天子给秦孝公送来了祭肉，并公开"致伯"，也就是承认秦孝公的霸主地位。这一事件意义重大，李存山认为，此举与商鞅第二次变法大见成效、秦人富强有重要关系，同时也与魏惠王在前一年擅自称王、激怒周室密切相关。周天子带头后，山东各诸侯国也纷纷效仿，派遣使者入秦朝贺。《求贤令》中让秦孝公痛心疾首的羞耻终于一扫而空。

这一边，商鞅变法还在为秦国持续生力，"秦人富强"已成既定事实；而另一边，魏国又一头扎进中原逐鹿的战场，国力一点点地丧失。其间两国小打小闹，维持着一种表面上的势均力敌。

直至公元前 340 年，平衡被彻底打破。

公元前 340 年，即秦孝公二十二年，如果从颁布《垦草令》算起，商鞅变法已经推行十九年。经过漫长的发酵，秦国国力已经有了质的飞跃。反观魏国，因马陵之战损失十万大军，魏国元气大伤。

秦国抓住这个千载难逢的良机，派遣商鞅再度伐魏，进攻河西。商鞅用计俘获魏军主将公子昂，魏军大败，魏惠王不得已割让河西部分地区予秦。对此，《史记·商君列传》是这样记载的："魏惠王兵数破于齐秦，国内空，日以削，恐，乃使使割河西之地献于秦以和。"

此时，秦国已经是无可争议的军事强国。另一个前文已经提及的细节是，担心秦人屡屡进犯，魏惠王离开安邑，迁都大梁，并对商鞅耿耿于怀，"寡人恨不用公叔痤之言也"。

秦孝公去世后，秦国持续在河西用兵。公元前 330 年，秦军全歼魏国河西守军，斩首四万五千人，秦国终于得到了梦寐以求的河西之地，从此，山东六国都暴露在了秦人铁蹄之下。

商鞅变法为什么能够脱颖而出

商鞅变法前后，各国变法风起云涌，你追我赶。早在春秋时期，齐国就因管仲改革而称霸诸侯。

公元前685年，公子小白趁齐国内乱，历经千辛万苦回国登上宝座，是为齐桓公。即位不久，经鲍叔牙推荐，齐桓公不计前嫌，假借报仇雪恨之名把管仲接到齐国并委以重任，管仲随即在齐国推行改革。

可能是商贾出身的原因，管仲对齐国的改革侧重于经济面。

管仲主张富民，即让老百姓富起来，他说"凡治国之道，必先富民。民富则易治也，民贫则难治也"，甚至提出"政之所兴，在顺民心"，要主动去满足人民安逸享乐的欲望，那句"仓廪实而知礼节，衣食足而知荣辱"正是出自管仲之口。

这与商鞅的看法截然相反。《商君书·弱民》认为："民弱国强，民强国弱。"在商鞅看来，人民一旦富裕了就会放纵，就会生"六虱"，所以他只提倡强国，而非富民。

与商鞅一样，管仲也非常重视农业生产，所谓"五谷粟米，民之司命也"。为此，他鼓励民众多垦田，"勉稼穑"。

为了保护农民的利益，管仲为之配套了许多政策，比如用"平准制"维持粮价的稳定，保障农业的利润；又比如"相地而衰征"，按土地品质和产量来征税。

对待商业，管仲也不似商鞅那般极端。他认为农业是本，但末业同样重要，甚至发出"无末利，则本业何出"的质问。

所以，管仲改革非但没有打击齐国的商业，反而出台各种商业利好措施。他建议齐桓公专门设立商人驿站，外来商人远道而来可以按人数进行接待，来得越多接待规格越高。外来客商进入齐国后，如果遭遇政府工作人员的不作为或者乱收费可以投诉，由官方出面处罚这些官吏。

这些利好措施使得齐国的商业极为发达，齐国出现"天下之商贾归齐若流水"的盛况。

对国内的商人，管仲也不主张打压，反而是出台各种利好政策。他规定齐国产出的鱼和盐可以自由出口，进出关隘也只需登记而不征税，出口其他商品也只收一次税。

此外，管仲还有许多超前的商业思维。比如，他在齐国实行"盐铁专营"，让国家也做上垄断的买卖，他还鼓励消费，甚至倡导奢侈。

更有意思的是，管仲与商鞅殊途同归，他的改革使得齐国迅速富强。再加上管仲也有政治、军事上的配套改革，齐国一跃成为春秋大国，齐桓公也成为春秋称霸第一人。

尤为难得的是，与后续霸主相比，管仲治下的齐国称霸并没有那么血腥，后世时常称赞其"以商止战"的国家义举。

"以商止战"有对内和对外两个层面。

对内，管仲认为刑罚不足以让人害怕，杀戮也不足以让人心服，他提倡的是让人民过好日子。发展商业可以富民富国，老百姓富裕了又怎么会生出动乱呢？

这点与商鞅思想又是大相径庭。前文我们讲过，商鞅认为一旦百姓富起来，国家就要学会"杀力"，《商君书》里说："夫圣人之治国也，能抟力，能杀力。"英明的君主既要能凝聚民众的力量，还要能消耗民众的力量，否则这股强大的力量会导致内部的动乱。

对外，管仲并不主张大张挞伐。春秋时期，大国如同贪吃蛇一般随意吞并小国，但齐桓公在位42年间仅灭掉了两个小国，还经常出兵保护友邦，为保卫燕国他曾派兵击退山戎，为保卫邢国他又派兵击退狄人。而且齐桓公多次出面协调各国矛盾，甚至帮助他国发展经济。曹操在《短歌行》中也称赞他"一匡天下，不以兵车。正而不谲，其德传称"。

这与商鞅的战争观又大不相同，《商君书》明确提出"敌尽不如，击之勿疑"，只要敌人各方面力量不如我们，就要毫不犹豫地攻打它。

既然管仲的改革行之有效，为什么齐国没有长治久安，而是逐步衰落，且最终还亡于秦国呢？

后世普遍认为，管仲在经济领域的改革相当成功，但恰恰也是由于管仲过于看重经济，忽略了军事层面的改革，这使得齐国在以拳头论尊卑的春秋时代只能"一世而衰"。吴晓波在《历代经济变革得失》一书中也提出了类似的观点，他认为，齐桓公晚期，中原大国纷纷吞并小国，疆域不断扩大，这样的军事冒险往往带来更大的好处，"齐国迅速让出来霸主权柄，自此以降，相继称霸的诸侯均以开疆拓土而威慑天下，'尊王攘夷'异化成了'挟天子以令诸侯'，管仲之道被暴力取代了"。

很明显，在吴晓波看来，管仲思想的式微及齐国的衰落是劣币驱逐良币的典型。因管仲思想与儒家"贱商"传统不一致，管仲遭受儒家学派的疯狂围攻，对此，吴晓波直言："管仲是一个被意识形态'谋杀'的改革家。"

陈忠海在《"管仲奇迹"为何难以持续》中也分析了管仲改革的弊端，他说："管仲改革让商业获利更加容易，人们既然可以通过这条渠道致富，就会把它作为优先方向，不仅繁重的生产劳动不被大家羡慕，更不会冒着生命危险去战场上厮杀以博取向上晋升的机会，这是以商治国的弊端，至少在那个时代，'商战'不如'耕战'更为坚实牢固。"

其实，仔细比对管仲与商鞅的变法，我们也能发现管仲改革的另一处致命"败点"——变法的彻底性。

商鞅变法是颠覆的、彻底的，他几乎清洗了秦国一切旧有的政治生态。因地处西陲，国家又相对年轻，其守旧势力相对较弱。而管仲所在的齐国则不同，其守旧势力根深蒂固，他在齐国实行改革必然也会触犯旧贵族的利益，因此，当改革触及既得利益者时，管仲多采用"怀柔"政策：在齐国进行各项改革时，管仲采取的办法是与贵族进行协商，使得双方达成利益上的平衡。

与之相反，商鞅变法则不留情面，进行土地改革时他压根儿不考虑贵族的意见，军事改革更不用说了，凭你来头再大也要赶你上战场，而且执法时也追求一视同仁，对太子的老师、宗室也是肉刑相加。

管仲的这种妥协当然能够减小改革的阻力，但其弊端也是显而易见的。由于无法彻底清除既得利益者带来的阻力，管仲的改革不可能彻底。一旦强力君主去世，改革大概率也会戛然而止。

管仲之外，李悝、吴起也是后人研究商鞅变法时经常出现的常客。

从渊源上说，李悝与商鞅师出同门，是晋国法家的集大成者，且二人都深受西河学派影响。又因李悝在前，商鞅对其借鉴甚多。比如商鞅将李悝的《法经》改头换面，直接施用到秦国，这已经不是简单的借鉴了。另外，商鞅在经济、政治、军事上的改革也有明显"致敬"李悝的痕迹。

但是，为什么李悝变法与管仲改革的命运一样，都不能为国家持续增熵？

有的学者将原因归结于李悝变法中经济政策的"妥协性"，此观点认为，李悝的经济政策没有触及根本的经济制度，只是将已有的经济措施系统化并予以执行。这样做可以扩大国家的财政收入，为国家短暂生力，却不能清除社会发展的障碍。

根据这一结论，李悝变法失败的原因与管仲改革大差不差。当然，与管仲相比，李悝在政治、军事上也推行了影响国力的改革，生命周期也明显长于齐国。

与李悝一样，吴起在楚国的变法也为商鞅所大力借鉴。据史书记载，吴起变法集中在楚国的政治、军事层面，旨在废除旧贵族的特权，并效仿魏国的军制，加强军事实力。

如果不是史书漏载，吴起的变法明显忽视了经济上的改革，他可以在短时间内以现有国力打造出一支虎狼之师，却不能改变楚国的经济基础，也没有让社会各阶层获得实际利益。

正因如此，吴起变法遭遇到最凶猛的反扑。仅仅五年，因楚悼王突然去世，吴起便死于非命。

如果说管仲和李悝的失败是因为妥协和不彻底，那吴起的失败则是由于不够系统、不够全面。当然，变法时间过短也是影响吴起变法效果的一大原因，管仲、李悝、商鞅无不得益于长青君主的庇护和强力支持：齐桓公在位四十二年，管仲变法持续近四十年；魏文侯在位近五十年，李悝在魏变法持续三十年直至去世；秦孝公不算高寿，但执政长达二十五年，从《垦草令》算起，商鞅变法也进行了二十余年。反观吴起的变法只有五年时间，就算商鞅在楚国变法，这么短的时间也是不够的。

说完商鞅之前的变法，我们再来对比一下商鞅同时期各国的变法。

韩昭侯八年（前355年），申不害出任韩国相国，主持改革。从时间上看，这时距商鞅颁布《垦草令》仅四年，距商鞅第一次变法仅一年，二者可以说是同一时期的变革。

申不害与商鞅一样，都是法家弟子，所不同的是，二人代表的是法家内部的不同派别。

战国时期法家思想可以概括为"法""术""势"三个方面。"法"主张的是以法治国，用规则驾驭国家各个阶层，并形成合力。这一派以商鞅为代表人物。"术"可以简单理解为一种君主权谋，主张君主利用权力和人性掌控国家，主要针对吏治，申不害正是"术派"的代表。"势"更极端，它主张的是君主的绝对，提倡君主掌握绝对权力压制臣下，此派以赵国人慎到为代表。

与商鞅一样，申不害也大力提倡君主集权，但他不是借助律法，而是主张君主利用权力选贤任能、清除奸邪。杨宽在《战国史》中将申不害的"术"解释为一种权术，简单来说，就是君主要"装作不听见、不看见、不知道，不暴露自己的欲望、智慧和观察力，使臣下无从猜测国君的意图，无从讨好取巧，无从隐藏自己的错误缺点，这样就可以听到一切、看到一切、知道一切"。

这可以算作吏治改革的一种。此外，申不害也鼓励百姓垦荒，重视手工业的发展。由于韩国先天基因过于贫弱，再加上申不害的改革根本不切要害，虽然有"终申子之身，国治兵强，无侵韩者"的说法，但对韩国而言这远远不够，杨宽就直言不讳地评价说："申不害这样用术来加强中央集权的统治，成效是比较差的。"

大概与申不害同时，邹忌在齐国也进行了一次变法。这次变法侧重于政治层面，同样不够全面，成效也不大，杨宽给予的评价也很客观："其目的是在巩固统治秩序的同时，谋求国家的富强，这自然也有利于社会生产的发展。因而经过一番改革，齐国在政治、经济上都有了新气象。"倒是齐威王因这次变法留下了美名，他的那段话也成为语文课本上的常客："能面刺寡人之过者，受上赏；上书谏寡人者，受中赏；能谤讥于市朝，闻寡人之耳者，受下赏。"

从以上对比中可以看出，不同时期不同诸侯国的变法都有一定的价值和效果，其中管仲、李悝的变法足够全面，效果也最为突出，只是由于二人变法均存在一定程度的对内妥协，不够彻底，所以只能一鸣惊人，无法细水长流。吴起、申不害、邹忌等人的变法都取得了一定的成效，但都流于片面，不够系统，而且这些变法中有的持续时间过短，有的则因为先天贫弱，种种掣肘使得他们的变法不可能彻底改变国家命运。

商鞅变法为什么能够脱颖而出，助力秦国国力持续增强？反向来看就是问题的答案！

第七章　只为谋国，未能谋身

和吴起及后世惨遭清算的变法者不一样，商鞅死后新法仍然得以保留，所以，商鞅并非死于守旧派对新法的反攻倒算。也就是说，商鞅变法必然已在秦国生根发芽，且惠及了足够多的人。

　　既然如此，商鞅为什么还是会死？这当然与商鞅的性格有关，为了变法，他结下了不少公仇，也激起了不少私恨，于公于私，总有人想置他于死地，所以，商鞅难逃一死。作为秦帝国的奠基人，商鞅未能亲眼见证变法使国家持续变强，也没能及时享受刚刚到手的荣华富贵，这当是他的遗憾。

　　不过，从另一个角度来说，商鞅并没有死，因为他的新法仍是秦国国策，"吾想即吾身"，只要思想长存，那么商鞅不灭。

商鞅为什么难逃一死

公元前341年，魏国在马陵遭遇大败。魏国大将庞涓轻敌冒进，师出同门的孙膑使出减灶计诱其上当，庞涓无路可走，自刎而死。经此一役，魏国霸主地位一去不返。

见此良机，第二年秦孝公派出商鞅主动攻魏，志在夺取河西之地。魏惠王急令宗室贵族公子昂率军迎战。

历史总是那么爱开玩笑，这公子昂恰好是商鞅的故交。二十多年前，商鞅在魏相门下担任中庶子，公子昂与他相交甚笃。当时商鞅身份低下，公子昂没少帮他。曾经的挚友如今各为其主，这可真是造化弄人。

就在两军交战的节骨眼上，公子昂收到商鞅的来信。信中，商鞅回忆过去的交情，也感激公子昂当年的帮助。商鞅说："我之所以能到秦国谋图富贵，全赖公子照顾，现在我们两个对阵沙场，我怎么忍心跟朋友打得你死我活呢？请公子告诉魏王，我也回去奏报秦君，两国罢兵结盟吧！"

魏国在马陵新败，此次应战也是迫不得已，当然希望能化干戈为玉帛。公子昂立刻派信使回告商鞅，同意罢兵。

商鞅又托信使传话："这一别不知道什么时候能相见，我想跟公子喝一杯，共叙情谊，畅饮后再告别。"

公子昂被商鞅的真诚感动，当即答应赴约，手下苦劝都没用。

老友如期见面，商鞅与公子昂互致问候，入座对饮。正喝得起劲，商鞅一声令下，一群士兵冲入营帐，公子昂在惊愕中束手就擒。

魏军群龙无首，秦军大举进攻，一战而胜。

商鞅背信弃义的做法令人不齿。《吕氏春秋》将这段故事归入《无义》篇，司马迁也据此指责商鞅"欺魏将昂"。

商鞅兵行诡道当然上不了台面，这也再次说明，商鞅是个彻头彻尾的现实主义者：变法之前他徙木立信，目的是取信于民，他做到了；两军交战时，他失信于人，目的是一战而胜，他又得偿所愿。

此战之后，魏国割让河西部分土地，商鞅立下不世之功，也迎来了人生的最高光时刻：在变法和军功的加持下，商鞅终于获得了秦孝公的承诺兑现，他获得於、商两地十五个封邑，号为"商君"。

此时他还不知道，"诈取公子昂"的不义之举会让他日后死无葬身之地。

拿名誉换来的荣华富贵很快也岌岌可危——仅一年多，公元前338年，秦孝公病倒了，这棵大树已经庇佑商鞅二十余年，终于倒下了。在秦变法二十余年，商鞅得罪了无数人，特别是那些位高权重的贵族，史书记载"宗室贵戚多怨望者"，一旦有个疏忽，这些有权有势的人可以随时置他于死地。

秦孝公无法再为商鞅提供强大的保护伞，为了自身安全，商鞅每次乘车出门总会前呼后拥，车子两边有步兵随同，车后还得跟着几十辆战车，乘车的卫士个个全副武装，如此劳师动众防的恐怕不是老百姓。

当局者迷，旁观者清，身在局中的商鞅不知道自己死期将至，倒是有人为他指点迷津。

据《史记·商君列传》记载，在秦孝公薨逝的五个月前，商鞅经人介绍结识了隐士赵良。二人身份悬殊，商鞅却没有颐指气使，倒是赵良反客为主，对商鞅很不客气。

当商鞅提出要跟他交个朋友时，赵良说出来这样一番话："我不敢奢求跟你做朋友，听孔子说，举贤任能，那些能人才会为国出力；朝堂之上小人太多，那些大才都会隐退。我这个人不咋地，不配做你的朋友。"

赵良言下之意，位高权重的商鞅并不是贤能之辈，听起来他是挖苦自己，实际却是嘲讽商鞅。

可能是觉得窗户纸还没捅破，怕商鞅听不明白，他又补充一句："一个人啊，如果占了不该占的职位，那就是贪权；如果占了不该占的名声，那就是贪名。如果我跟你做朋友，那就是贪权又贪名了。"

赵良一介隐士，哪来的权、名，商鞅再迟钝也听得出对方的话外之音。他干脆打开天窗说亮话："你对我在秦国的所作所为有什么不满吗？"

赵良打算点到为止："一个人听得进别人的话才叫'聪'，能反躬自省才叫'明'，能自我克制才叫'强'，虞舜说过，谦虚示人才能带来尊重。你不妨照着虞舜的话去做。"

商鞅明白了，赵良这是来砸场子的，既说他不贤，又说他过于自大。这他哪受得了，赶紧辩白："秦国以前的风俗和戎狄一样，现在我改变了秦国的习俗，使得他们男女有别，分室而居。我还在国内大建宫廷，现在秦国的面貌都赶上鲁国和卫国了。"

言由心生，商鞅听赵良先说孔子，又说虞舜，知道对方一定是儒家弟子，所以他也捡要紧的说，什么"父子之别、男女之防、君位之尊"，都是儒家所倡导的。

说完这些，商鞅还补充了一句："你看我跟五羖大夫比，哪个更有才干？"

五羖大夫即百里奚，是秦穆公称霸时的头号能臣。

见商鞅如此自夸，赵良也忍不了了："既然你想听实话，那我就来真的了，你可别想着杀我！"商鞅倒是大气："怎么会呢？良药苦口，忠言逆耳，你只管说就是，我把你当老师看待。"

赵良不再掩饰自己的看法，竹筒倒豆子一般说了一通，他先夸百里奚是有德之人，做秦相六七年，对内对外行的都是德政，所以戎狄归服，巴人朝贡。他又夸百里奚亲民，身居相位，累了不坐车，热了不打伞，走遍全国也没带护卫。最后，他还夸了百里奚的名声，死的时候，秦国人人掉泪，连小孩都不唱歌了。

话锋一转，赵良说回到商鞅身上："可是你呢？见秦君的时候你走的是嬖人景监的门路，这名声已经够臭了！你做秦相，不为百姓着想，反而大兴土木，这怎么能算功绩！你处罚太子的老师，用酷法残害百姓，这是给自己招灾惹祸。"

赵良的嘴的确够毒，说是字字诛心也不为过。你以为这就完了，赵良对商鞅的不满连篇累牍，如果将赵良的情绪也翻译出来，这些话简直要人命："你用旁门左道去变法，这可不是什么教化！国君封你做商君（你也好意思接受），你就称孤道寡，用法令来管束秦国的贵族。《诗经》里说：'老鼠还知道打躬作揖，人却不讲礼，不讲礼的人都该去死。'我看你的所作所为一定不能让你长寿（你怎么不赶紧去死）。"

商鞅出门不是前呼后拥，甲士如云吗？对此，赵良的挖苦也是一针见血："就因为你干了这些不得人心的事，所以才要这些排场……车辆、随从、护卫，少了一样你都不敢出门！"

不得不说商鞅心大，听到这些话他没有反驳，也没有暴起，仍旧在一旁洗耳恭听。

发泄完情绪，赵良也没忘给商鞅提出明哲保身之道，他说商鞅的处境就像是早上的露水，言下之意，只要太阳一出来就得立刻消失。所以他建议商鞅归还国君赐予的封地，找个没人的地方耕田种地。

赵良对商鞅的不满更像是儒家对法家的指责，客观地说，赵良的不满并非空穴来风，而且他也敏锐察觉到商鞅的处境是"早上的露水"，"太阳出来"当是暗指太子嬴驷即位。

如果商鞅听从赵良的建议，趁着秦孝公还在世，放弃所有的功名利禄，找个僻静的地方安度一生或者回到故乡卫国，那结局可能会改写。

但是，"商君弗从"。

有人认为，商鞅贪图名利，舍不得这拼尽半生换来的荣华富贵，所以他也不是什么"极身无二虑，尽公不顾私"的国士，与贪恋功名的碌碌之辈无异。

这个说法无法证伪，也无法证实，但仅凭"商君弗从"便认定商鞅贪图名利还是过于牵强。试想一下，如果商鞅听从赵良所说，辞官归隐，与世无争，那他是不是先要否定这二十年来的变法成果？是不是还得否定自己毕生所学的刑名之术？先不说变法成果已是既定事实无法否定，仅凭几句话就让一个人否定自己一辈子的信仰，这也太过轻浮潦草了。

所以，商鞅的拒绝才是人之常情。

赵良的肺腑之言当然也有价值，他已经提醒商鞅：一旦新君继位，你将朝不保夕。遗憾的是，商鞅对此置若罔闻。

商鞅对形势的分析也是棋差一招，他以为自己最大的敌人是那些宗室贵族，却疏忽了最大的杀机来自太子嬴驷。与那些因变法而利益受损的贵族不同，嬴驷与商鞅有着难以化解的私仇。

前已述及，商鞅为推行变法，曾严厉处置太子的两位老师公子虔和公孙贾，后来公子虔再度犯法，商鞅又命人割掉了他的鼻子。

公子虔身为宗室贵族，又是太子老师，怎么咽得下这口气？而太子作为公子虔的后台，又是商鞅"含沙射影"的对象，更不可能善罢甘休。化用电影《让子弹飞》的那句名台词："这哪是割老师的鼻子，简直是打我的脸。"

如果秦国内部派系斗争错综复杂，或者说有主少国疑的隐忧，商鞅可能还有转圜的余地。可惜的是，商鞅在秦二十余年，已经让君权至高无上，依托新法，秦国的一切都在国君操控之下。而且，秦孝公病危时嬴驷已经18岁，恰好又是年轻气盛、杀伐果断的年纪。

但商鞅显然没有意识到这层利害关系，据史书记载，秦孝公去世后，他并没有立即逃亡他国，只是请求隐退。一个可能的推断是，商鞅善于谋国，不善于谋身。他知道自己得罪过太子，但并不认为新君上位之日就是自己的死期，史书评价商鞅"极身无二虑，尽公不顾私"，如果商鞅果真如此，那得罪太子在他看来也不过是尽职尽责，说到底还是为了秦国的江山社稷，怎么会招来杀身之祸呢？

"时来天地皆同力，运去英雄不自由。"商鞅气数将尽，他已无力左右自己的命运……

现实主义者的穷途末路

去世之前，秦孝公干了一件匪夷所思的事——他要将国君之位传给商鞅。《战国策》的记载只有寥寥数字："（秦孝公）疾且不起，欲传商君。"

中国王朝的历史由"家天下"开启，自夏朝建立至秦孝公去世这一千多年，"禅让制"早就尘封于历史传说中，秦孝公居然要重启禅让，而且是"外禅"，也就是传给外姓。

这太不可思议了。秦孝公不是刘协那样的花瓶君主，商鞅也不是曹丕那样的权臣，汉献帝刘协搞禅让只不过是走个过场，秦孝公禅让，那是真的移交权力。

秦孝公为什么要禅位于商鞅？史书虽没有记载缘由，代入秦孝公的视角，我们也不难找出答案。

后世有人称秦孝公为"秦国最不可或缺的一位君主"，这是一家之言，不足偏信，但秦孝公的人格魅力和人君之气一直为人津津乐道。许多学者在研究商鞅变法时也指出，商鞅之所以能成功，与变法固然有关，但也不应该忘记秦孝公的雄才大略。

秦孝公即位时,诸侯卑秦,但他没有破罐子破摔,《求贤令》中更是主动袒露他身为君主的真性情,只求人才辅佐,助他恢复穆公霸业。可见这是一个力求上进的开拓之君。

商鞅变法前,秦孝公本可以乾纲独断,但他通过御前辩论让新旧两派畅所欲言。可见这是一个虚怀若谷的谦厚国君。

商鞅变法时,秦孝公给予了商鞅无限度的信任,处罚太子老师,得罪宗室贵族,犯了哪一条商鞅都不好过,但秦孝公却二十年如一日地支持商鞅。可见这是一位"坚刚不可夺其志"的君主。

商鞅与秦孝公,与其说是君臣,倒不如说是两位同心同德的战友,他们有一个共同的理想——让秦国富强。

当生命来到终点时,秦孝公会想什么?大概率还是秦国的千秋大业,商鞅变法让秦国霸业初步成形,天子致伯,诸侯来贺。谁都害怕人走茶凉,秦孝公当然不想让商鞅成为第二个吴起,让秦国成为第二个楚国。秦孝公也没法确定太子能不能克承遗志,与其做这种无用的设想,倒不如把君位传给商鞅,在他看来,这位战友是继续为秦开拓的最佳人选。

这只是一种猜测,如果秦孝公让位于商鞅确有其事,这种猜测也算合情合理。

这件事的后续很简单,"辞不受",商鞅没有答应。

商鞅的反应也在情理之中。以外臣身份接受国君禅让,脑袋但凡清醒一点都不敢去想。我们甚至可以认定,一旦商鞅半推半就接受禅让,秦国顿时就会掀起一场内乱。

这并非凭空揣测,而是有血淋淋的"后车之鉴"。

秦孝公去世二十多年后,以"好贤""行仁"著称的燕王哙决定仿效尧舜禅让,将燕国托付给权臣子之。

子之能干,同时野心勃勃,他接受国君的禅让,开始南面称孤。燕王哙这时还健在，二人君臣身份就这样调了个个儿。

这场惊世骇俗的权力转移让燕国迅速陷入混乱。太子燕平第一个不服，他率军攻打子之，燕国瞬间陷入内乱，导致"死者数万，众人恫恐，百姓离志"。

内部的动乱又招来强敌，齐宣王趁机派兵攻打燕国，杀死燕王哙、太子和子之，直至燕昭王趁乱即位，动乱才逐步平息，但燕国也因此元气大伤。

商鞅没有觊觎大位，但这并不代表此事毫无波澜。

作为太子，嬴驷得知父亲的临终遗言后必然会迁怒于商鞅，这只会让仇恨的火焰烧得更旺。而秦孝公的禅让太过招摇，商鞅再迟钝也能察觉到功高震主的隐忧，所以他也有了隐退的念头。

公元前338年，秦孝公去世，太子嬴驷即位，是为秦惠文王。这时商鞅已年逾五十，为求自保，他主动放弃军政大权，自请隐退。

赵良的建议商鞅总算是采纳了，只可惜太晚了。没了秦孝公，宗室贵族总算可以痛快地发泄怒火。两次受刑的公子虔第一个站出来攻击商鞅，他对秦惠文王说："大臣权力太重就会危及国家，现在秦国妇孺说的都是商君之法，没人提国君之法，商鞅倒成了一国之君，您反而变成下属了。"

公子虔所说的正是商鞅"功高震主"，古往今来沾上这个罪名的均难得善终。

公子虔又补上最致命的一刀："且夫商君，固大王仇雠也，愿大王图之。"这是在提醒惠文王：商鞅跟你还有私仇，赶紧动手吧！

嬴驷坐不住了，据《史记·商君列传》记载，他迅速发出通缉令，派遣官吏围捕商鞅。自此，戏剧性的桥段逐一上演：

商鞅带着家人出逃，来到边境一处关口，想找个旅店投宿。店主人却说："商君有令，住店的客人得有证件，如果让没证件的人住宿，我也要连坐。"

还记得《商君书·垦令》二十条中的"废逆旅"吗？其意在取缔旅馆，将百姓钉死在户籍所在地，使得他们只有务农这一条路。可能是变法执行中打了折扣，秦国并没有彻底废除旅馆，只是要求客人提供官府的凭证。

作为通缉犯，商鞅上哪儿去弄文件。不能住店，也不能回去，商鞅进退两难，只能仰天长叹："天哪，新法竟然把我害到这个程度！"

这还没完。

后来，商鞅费尽千辛万苦逃离秦国潜入魏国，以为总算逃出生天了。可魏国人一直记着这个欺骗公子昂的"小人"，拒绝收留他不说，还考虑到"秦国强大，商鞅又是逃犯，不送回去不行"，又将商鞅驱逐出境。

这两段故事过于戏剧化，以至于有人认为这些并非史实。王淑艳译注《史记》时就提道："商君逃难一节，《战国策》并没记载。恐怕是出于太史公的虚构，这一细节显然又是后世小说创作中的'误会法'，运用误会，生发矛盾，引起戏剧性效果。"

无论如何，商鞅是死定了。但商鞅是怎么死的，史书又有不同的说法。

《战国策》说商鞅回到秦国后"惠王车裂之"，也就是商鞅受车裂而死。

司马迁的说法就不同了。据他所说，商鞅见魏国不能留便返回秦国，逃到自己的封地商邑，召集部属和封地的士兵发动叛乱，秦国出兵平叛，混乱中将其杀死。秦惠文王没有就此作罢，他又将商鞅五马分尸，还诛灭了商鞅全家。司马迁的意思是，商鞅死于战乱，但惠文王不解恨，连他的尸体也不放过。

很明显，在司马迁笔下，商鞅丑态毕现，生死之际狼狈不堪不说，下场也更惨，这也符合《史记·商君列传》对商鞅的总体评价。商鞅死后，《战国策》里只有"而秦人不怜"一句，意思是秦国没人同情他。但司马迁应该是讨厌商鞅的为人，他又接了一段"太史公曰"："商君天性就是个残忍寡恩的人，当初他用帝王之道游说秦孝公时说的都是些'浮言'，上位靠的也不是自己的本事，而是宠臣景监的推荐。被重用后，他处罚公子虔，欺骗公子昂，又不听赵良的规劝，足以说明他的残忍寡恩。我还读过商鞅开塞耕战的书籍，里头的想法和他本人所作所为如出一辙。商鞅在秦国落得个谋反的恶名，看来也是有原因的呀！"

商鞅死了，这个小国的落魄公子死在了异国他乡。他的命运与前辈吴起又合辙了，二人都死在了曾经为之奉献的国土上。

与吴起不同的是，商鞅一生没有惊涛骇浪，也没有一步登天，他年幼时家国没落，二十多岁投身魏相门下，而立之年来到秦国，三十四岁获封左庶长，四年后登位大良造，年近五十才位极人臣，获封商君，仅仅两年便又迅速陨落。

商鞅的悲惨结局可以归咎于性格。司马迁、刘向都说他刻薄少恩，用现代的话可以说是"情商不高"，在残酷的政治斗争中，不懂变通，不懂收买人心，只会给自己招来仇恨。

但是，换个角度想，一个情商极高，精于明哲保身的人能够一往无前、力行变法吗？这似乎又是一个悖论。

除了性格，法家的标签似乎也是一个诅咒。

商鞅之前，法家鼻祖邓析早已赴死，他致力于打破法律的神秘，坚持向民众普法，最终也为此殉道。

商鞅之后，法家弟子死亡率也奇高，仅秦国就杀死了韩非子和李斯两位法家"大拿"。

这很难说不是战国法家思想的致命缺陷。他们主张人性本恶，崇尚严刑峻法，一切制度设计都以君主为核心。就拿商鞅变法来说，不管怎么生力，怎么抟力，在商鞅的设计下，这些力量都由君主掌握，君在政在，君亡政亡，这种情况下，变法效果系于君主一身，个人命运也由君主决定。

所以，战国法家思想只是极权工具的一种，正如马作武所说，"法家的法治是最大、最典型也是最极端的人治"，既然是人治，那他们就不可能受法律保护，杀还是不杀，都由至高无上的权力决定。现代法治常说，要将权力关进笼子里，而法家的做法是给猛兽装上更锋利的獠牙，一旦不被信任，法家也会惨遭反噬。

说到底，君主专制下没有"完卵"，包括商鞅在内的改革者，所有人都无法挣脱"耗材"的命运。

为什么说"商君死，秦法未败"

后世谈到商鞅时，经常会提及汉景帝时期的晁错。

公元前 155 年，针对汉朝老大难的藩国难题，晁错上疏《削藩策》，主张快刀斩乱麻，一劳永逸地解决王国分权顽疾。汉景帝采纳晁错的建议，以削地的方式打压诸侯王。

没承想此举招来诸侯王的强烈反抗，并迅速酿成"七国之乱"。诸侯王以"清君侧，诛晁错"为由大举进兵，汉朝中央一度焦头烂额。

叛军兵锋西指时，束手无策的汉景帝听从大臣建议，只得诛杀晁错以谢天下，并寄希望于晁错的死能够平息叛乱。某日上朝前，汉景帝派人诱骗晁错坐车前往刑场，随即将其斩杀。当时晁错身上还穿着朝服。

只可惜汉景帝打错了算盘，"诛晁错"不过是诸侯王的借口，他们的真正目标是汉景帝的皇权。无奈之下，汉景帝只能派兵平叛，三个月后，七国之乱总算平息。

平定叛乱后，汉景帝的所作所为诠释了什么叫帝王天心——在晁错未被平反的情况下，他继续沿用其削地主张，将各诸侯国拆了个七零八落。

商鞅的命运与晁错何其相似：同是法家弟子，同样结局悲惨，更为巧合的是，二人皆"身虽死而法未败"。

战国变法运动浪潮过后，山东六国出现了不同程度的倒行逆施，宗室贵族再度专权，诸多变法成果得而复失。

秦国却走上了另外一条路。

秦惠文王嬴驷即位后，虽然下令诛杀商鞅，却并没有废除商鞅的新法，所以韩非子说："及孝公、商君死，惠王即位，秦法未败也。"

这看起来不合逻辑，嬴驷既然要除掉秦国变法的总设计师，为什么又沿用他的制度设计呢？人亡政息不是历代改革者的宿命吗？前有吴起，后有王安石、张居正，他们的变法或改革不都是昙花一现吗？

以吴起作比，我们先来说说嬴驷为什么要除掉商鞅？

表面上看，商鞅和吴起都死于保护伞消失后旧贵族的反扑，但深究本源，二人死因又大不相同。

吴起变法时急功近利，有学者认为，他打击旧贵族和冗官冗吏的手段过于严厉，甚至没有给那些愿意合作的中间派留条后路。

商鞅则不同，同样是打击旧贵族，他并没有一刀切，而是开了军功获爵这个口子。前面我们讲过，贵族立功非农民能比，甚至"躺赢"一场都能连升三级。所以，商鞅变法对贵族的打击更像是鞭策，并没有完全断绝贵族后路，相当一部分贵族也被新法成功改造。

从史书上看，商鞅之死与公子虔脱不开关系，而公子虔又是旧贵族势力的代表，所以商鞅看起来和吴起死于同一个原因。但是，我们也应当注意到，公子虔曾两次栽到商鞅手里，第二次更是遭受劓刑的人格侮辱，为此公子虔数年闭门不出。以人之常情来看，公子虔应该恨死了商鞅，但这种恨比较纯粹，只是私仇而已，并非阶级敌视。

同样的道理，嬴驷仇恨商鞅也并非政见不和，他和公子虔一样痛恨商鞅当年的"狐假虎威",并且,嬴驷身为国君无法容忍君权旁落,当公子虔告诉他"秦人只知道商君之法,不说国君之法"时,君主本能的"自卫"意识便会被迅速唤醒。因此,对嬴驷来说,除掉商鞅既能发泄私仇又可巩固君权,是一件不得不做的事。

作为秦国历史上第一位称王的国君,嬴驷以"睿智聪慧、尚武图强"流芳后世,商鞅入秦二十余年,秦国国力肉眼可见地爬升,这样一位雄才大略的君主显然不会因噎废食。

再来说说商鞅变法为什么没有像吴起、王安石、张居正等人一样人亡政息?

贾谊贬斥商鞅时说过,"商君遗礼义,弃仁恩,并心于进取。行之二岁,秦俗日败","秦俗日败"说明商鞅新法已经逐渐取代秦国旧有制度。前文我们也讲到过商鞅变法的彻底性,由于变法足够彻底,新制度已经成为秦国社会不可或缺的一部分。正如李瑞兰在《战国七雄改革成败得失散议》中所说,商鞅"使新法妇孺皆知,深入人心,而且引起了秦国阶级关系的深刻变化,通过农战之途所培植的大批军功地主,使支持变法的社会基础空前增强"。

在这种情况下,新法就如同秦国的"思维固化",废除它反倒比承袭它更难了。所以不光是嬴驷,秦国后世诸君个个萧规曹随,沿用商鞅智谋,正如贾谊《过秦论》中所说:"孝公既没,惠文、武、昭襄蒙故业,因遗策。"

后世常说"商鞅以身殉法",其实新君继位后,商鞅死不死都与大势无关了,变法给秦国留下的遗产足以支撑其王霸之路。

那么,商鞅到底给秦国留下了什么呢?战无不胜的赳赳老秦?至高无上的君主权威?喜农乐战的社会风气?密不透风的严苛律法?

后世的这些成果认定中,有的言过其实,如"战无不胜的雄狮",商鞅之后秦军常有败绩,就连关中门户函谷关也曾一度失守;有的失于计较,律法再怎么严苛,也做不到密不透风。总体而言,商鞅变法的确让秦国的政治、经济、军事、文化、法治焕然一新,但其最贵重的遗产并非单列或者多列这些领域中的任何一种组合，而是一套环环相扣且丝滑运转的治国体系。

制度要成体系才能良性运转，商鞅变法是中国历史上最成功的一次社会洗礼，商鞅施行的不是一系列孤立的措施，而是一个有机的整体，旨在通过一系列相互关联的改革，实现秦国的强盛和中央集权的加强。商鞅可能没有"体系化"这个概念，但他无所不包、事无巨细的变法却在无形中造就出来一套看不见的体系。对此作家刘守刚也有评价，他认为，"商鞅变法的最大特点便是体系化"。

交叉比照商鞅的变法条文，这套体系便清晰可见。

政治改革方面，商鞅为突出君主的权力，竭尽所能加强中央集权，并以县制为触手，将地方权力收归中央。君主集权下，政令上通下达，商鞅在其他领域的改革当然也能畅通无阻。

经济改革方面，商鞅开阡陌、废除井田制，直接效果是解放生产力，间接效果就多了：井田制没了，旧贵族的既得利益势必会瓦解，君主集权又得以加强；生产力解放了，国家赋税就多了，又能养更多的兵、打更多的仗。

军事改革方面，商鞅废除世卿世禄制，以军功爵制激励士兵上战场立功，提升军队战斗力的同时，进一步打击了旧贵族势力，君主集权又能得以加强。

法治改革方面，商鞅"令民为什伍"，以连坐法、告奸法控制民众，并主张用严刑峻法规范人的行为，追求国安民治。可别忘了，什伍制度本身也是一种户籍管理制度，它可以裨益国家的赋税、兵源，等于又反作用到经济、军事层面。而严刑峻法对民众的规范也会助益国内政治、经济、军事、文化各个领域的发展。

文化改革方面，商鞅清除秦国境内的儒家经典，表面上是统一思想文化，实际上又是"曲线救国"，既可以让百姓心无二志，全部扎进田间地头，又可以使人不生"淫"（放荡），进一步反哺法治，其"营养"最终又向秦国各个领域、各个角落传递。

这种体系使得秦国军力独占鳌头。商鞅变法后约八十年，荀子到秦国游历并写下了见闻：秦人纯朴，他们不听官府认定的不正当音乐，不穿官府认定的奇装异服，个个性情柔顺，害怕并服从他们的官长，实在像极了上古时代的模范百姓。秦国的官吏也不错，他们从家里出来后就直接去公门里做事，从公门里出来后就直接回自己家，除此之外没有别的社会交际。他们彼此之间不联结，不交友，不聚会，实在像极了上古时代的模范士大夫。

商鞅变法的体系化当然需要更深的表述，但本文意不在此，仅从流于表面的这些关联反馈来看，商鞅在秦国的变法无疑是一套良性循环系统，即"事物之间相互关联，互为依托，组成一个循环滋生链条，形成共同促进的因果关系"，这套系统会自动运转，不断增益，在此系统护佑下，秦国向上之路异常光明。

肆

功过幻变：赞也足够多，骂也足够狠

第八章　商鞅变法后的思想钢印

商鞅死后，中国历史的走向也在悄悄改道。

公元前 221 年，历经百年变法后，长久以来的分封和分裂结束了，大一统王朝自此频频成为中国历史的主角。由于商鞅是秦朝的奠基人之一，他的思想必然影响着这个大一统王朝的方方面面，所以有人认为，秦朝速亡与商鞅不无关系。

又因为秦朝是大一统王朝的第一个样板，它不可避免地会成为后世朝代的制度模板，这才有了"百代皆行秦政治，万年咸用始皇心"的说法。

商鞅果然未死，他的思想钢印仍深深嵌在中华大地上。

秦朝速亡是商鞅的责任吗

元丰三年（公元 1080 年），苏轼因"乌台诗案"受贬黄州（今湖北黄冈），闲来无事，他只能牛角挂书，游山玩水。这年九月，苏轼读史书中商鞅变法之事，有感而发，写下一段评价商鞅功过的文字：

商君之法，使民务本力农，勇于公战，怯于私斗，食足兵强，以成帝业。然其民见刑而不见德，知利而不知义，卒以此亡。故帝秦者商君也，亡秦者亦商君也。其生有南面之福，既足以报其帝秦之功矣；而死有车裂之祸，盖仅足以偿其亡秦之罚。理势自然，无足怪者。后之君子，有商君之罪而无商君之功，享商君之福而未受其祸者，吾为之惧矣。

苏轼的这番感慨与"王安石变法"有关。当时宋神宗任用王安石为首的新党力行变法，苏轼说他们犯了商鞅的罪但是没有商鞅的功，享了商鞅一样的福却没有受过商鞅一样的祸。"我都替他们感到害怕"，这大概是苏轼版的"勿谓言之不预"。

苏轼评商鞅意在王安石，本是借古喻今，但他写下的这段话却成为后世臧否商鞅的"圣贤之言"，其中尤以"帝秦者商君也，亡秦者亦商君也"流传最广。

只看最简单的逻辑关系，苏轼的盖棺定论不无道理。

嬴政统一六国后，商鞅的治国理念仍然左右着秦朝的大政方针。比如，都说秦法严苛，这严苛的源头可不就在商鞅那里；又比如实行郡县制、统一度量衡、焚书坑儒等秦朝大事件，都能在商鞅变法时期的秦国找到对证。秦朝灭亡的原因虽然众说纷纭，但总脱不开制度设计这点。逻辑推到最后，商鞅既然是这套制度的总设计师，政权迅速败亡自然有他的一份责任。

但是，这一说法也有值得商榷的地方。

要知道，商鞅的制度设计初衷并非为大一统帝国服务，而是为秦国争霸图强量身定制。也就是说，商鞅变法是为了让秦国拔尖，而非为秦朝提供治世之道。

就拿秦朝的严刑峻法来说，它的确是暴秦的标签，也承袭了商鞅的法治精神，且引起了强烈的过敏反应。但疑问就来了，如果是律法本身的问题，那为什么它在战国时期没有引发秦国社会的崩溃，而是在一百多年后的秦朝才发作呢？

归根结底，"汝之蜜糖，彼之砒霜"，不同情境下的制度本就不能等同视之。王耀海先生认为："商鞅所实行的法治，是一种特殊的法治，是在特殊的战争历史背景下，针对秦国的特殊情形所实施的'战时法治'。"

特殊的法治、特殊的战争背景、秦国的特殊情形，三个"特殊"足以说明商鞅变法的"战时特征"，他的终极目的是击溃外部强敌，为秦国求生存、求发展。

战争状态下的法律当然会区别于平常，它常伴有集体主义，且缺乏人道主义关怀，不说两千多年前的战国，就是近现代国家也不能避免此类问题。比如以军国主义著称的普鲁士王国就是一例，为追求德国统一，威廉二世曾颁布《普鲁士邦法》，作为一部钦定宪法，它已经吸收了不少近代法治思想，如"民主"和"自由"观念，但该法同时也授权国王可以在爆发战争时废止公民权利。

商鞅所处的时代并没有"战时状态"这一说，但他对列国纷争的残酷也不可能视若无睹。商鞅曾向秦孝公陈述秦魏两国的宿命，"不是秦国吞并魏国，就是魏国吞并秦国"，反正不是你死就是我亡。这点不光只有商鞅瞥见了，激烈竞争下，各国都已看清事实，要不怎么会突然掀起一阵变法浪潮。

商鞅变法的核心是"农战"，农耕说到底也是为战争服务。后世常以"猛药"来形容商鞅变法，称它可以迅速见效、起死回生。而秦在统一六国后的治国诉求显然不在于此，"病症"与当年的秦国大相径庭，这时再服商鞅的虎狼之药当然会适得其反。

以新套旧存在明显的背离，正如叶自成所说："商鞅之法主要是为适应'马背上环境'产生的，而不能照搬于'马背下环境'。"二者是方枘圆凿的关系，根本不能笼统套用。

在与守旧派辩论时，商鞅就不止一次地提到"因时制宜"。他说，只要可以强国，不用效仿先人；只要对人民有利，也不用沿袭过去的礼制。商鞅早已指明，三皇五帝、春秋五霸用的都是不同的方法，"治世不一道，便国不必法古"。

可惜的是，始皇帝扫清六合后，整个秦朝又陷入制度惯性中。此时商鞅已经死去一百余年，他的新法早就变成"古法"。但面对大一统的新局面，秦朝只对旧法做了无关痛痒的修补就直接移植，当然会引起强烈的排异反应。

许多学者认为，秦朝之所以速亡与其基层的失控息息相关。这不难想见，中央集权下，基层一旦失控，朝廷没有任何缓冲和倚仗，戍卒举旗，天下云集响应，函谷关即刻失守。

而这种失控正是旧制度与新形势的排异造成的。

秦孝公时期，商鞅在秦国推行县制，又通过军功爵制选拔官吏，再辅以什伍制度，使得秦国中央能够直接触摸地方，也造就了秦国超强的维稳和动员能力。

与之相应，始皇帝扫清六合的过程中，也在六国故地推行"郡县制"，试图照葫芦画瓢，以流官辅佐皇（王）权遥控地方。

结果呢？秦国的基层迅速糜烂，大本营还好，但新地（旧秦国之外的新占土地）暴乱频发，治安极其糟糕。本书引子所讲的秦简故事中，楚国旧都陈郢便是降而复叛，黑夫和惊两兄弟正是随大军平叛去的。此外，惊在第二封书信上说"新地入盗"，让大哥衷没事不要去新地，也叮嘱家人打柴不要去太远的地方。另一批出土的秦简还记有苍梧郡利乡爆发的群盗反秦斗争。这些足以说明，秦国对新地的基层控制并不强。

为什么会出现基层失控？原因很简单：嬴政时期的秦国太能打了，吞并六国的速度也太快了，基层失控正是消化不良的反应。

这很好理解。商鞅变法后至嬴政上台前，秦国没有灭掉六雄中的任何一个，土地虽有扩张也是步步蚕食。但嬴政仅用十年时间便一口气歼灭六国，秦国版图瞬间膨胀。

起初也有大臣劝始皇帝效仿周王室，将皇室子弟分封到六国故地，让他们代秦治理。后经李斯提醒，嬴政决意包揽大权，不再裂土封疆，而是沿用商鞅遗策，在六国故地推行郡县制。

问题很快就来了。商鞅变法时总共在秦国设了三四十个县，而始皇帝治下差不多有一千个县，数量呈几何级增长。商鞅时期还能通过军功选拔官吏，并严肃吏治。到了始皇帝这里，吏治先搁一边不说，光干部的储备就完全跟不上郡县制的需求。

考古发掘佐证了这一现象。

据里耶秦简记载，当时的迁陵县（今湖南省龙山县一带）有104个编制，实际却只有50个人，官吏缺额十分严重。

由于僧少粥多，又没有后世的人才选拔制度，秦朝中央甚至将犯罪的、考核不过的官吏重新启用，派他们到新地去当差，一年中请病假超过三个月的病弱官吏也会被派往新地。为了补足短缺，中央也不再顾忌威信，对那些原本"永不录用"的人，朝廷规定，只要他们的爵位够格，也可以派到新地为官。

这样的贪官恶吏被派往新地，其作用可想而知。饶是这般饮鸩止渴，秦朝的郡县仍然吃不饱，而且这些被派往新地的官吏逃避皇差还会假装逃亡，这使得部分新地的吏治越发糟糕，其价值只能说聊胜于无了。

而且，新地吏治衰弱还会形成一种恶性循环：新地民心未归，治理难度比故地更大，派来的却是一群歪瓜裂枣，新地必然难得安宁；而新地不安，谁又愿意冒着危险去那里做官呢？长此以往，基层当然会失控。

这无疑是对商鞅变法中吏治改革的一种背离。韩国庆北大学历史教授尹在硕认为，将恶吏派往新地的做法得不偿失，对旧六国地区的统治来说，起到的是妨碍作用。在他看来，"这也可能是秦帝国短命的原因之一"。

这很难说是郡县制本身的问题，只能说明秦朝如同后世诸多朝代一样，也陷入了"因循守旧"的历史圈套。由于形势发生变化，安常习故反而会破坏整个旧法体系，使得很多措施根本无法施行。

由此看来，苏轼所说的"亡秦者亦商君也"的确有失偏颇，与商鞅相比，秦朝统治阶层的思维固化反而罪过更大。正如明人冯觐所言："秦之亡，不亡以商君，而亡于背商君之法。"

统一六国后，嬴政难免会以结果论英雄，杜牧说始皇帝"独夫之心，日益骄固"——既然现有制度助我开创前无古人的壮举，那它一定也能延至二世、三世以至千秋万代，何必改变呢？正如贾谊所说，"其道不易，其政不改……故其亡可立而待"，治国路线不变，政策不改……所以灭亡就在一旋踵间。

嬴政不是商鞅的后世知音，也没有吃透"治世不一道，便国不必法古"的治国精髓，就算他穿越回秦孝公时代，可能也只是众多宗室守旧派中的一位。

要说谁该背上秦朝速亡这口大锅，嬴政似乎比商鞅更有"资格"。

百代皆行秦制是真的吗

如今历史领域出现了"制度补丁"这一说法。

我们知道，中国每个大一统王朝无一例外都陷入历史周期律当中：秦朝二世而亡，汉分东西，都在二百年左右，魏晋如昙花一现，唐、宋、元、明、清接踵而至，没有一个撑过三百年。

制度补丁可以简单理解为"更新换代"。城头变换大王旗后，前车之鉴不远，新朝开国后为避免重蹈覆辙，会总结前朝教训，并从制度上打下补丁。"补丁论"用一种通俗的方式解释了历朝历代的亡国之祸：

秦始皇统一六国后，鉴于东周王室的衰微，认为分封会导致诸侯并起，大权旁落，因此摒弃分封，在全国范围内施行郡县制。结果呢？境内烽烟四起，平民起义和六国贵族反叛迅速埋葬了大秦帝国。

刘邦代秦而立，他"惩戒亡秦孤立之败，于是剖疆裂土"，用的是"郡国并行制"，中央集权要搞，子弟分封也不落下。诸侯也的确起到了屏障中央的作用，可谁承想，西汉最后亡于外戚。东汉与西汉一脉相承，外戚干政不说，宦官还作乱，很快就被曹魏取代。

曹丕篡汉后对外戚、宦官严防死守，同时还防范同姓王作乱。这两块倒是堵住了，可权臣迅速崛起，司马氏趁机"摘桃子"。

隋朝亡于急功近利的暴政，唐初便实行仁政缓慢过渡，而且前代的外戚、宦官、权臣似乎都隐退了。但是两百多年后，以节度使为代表的军事强人敲响了大唐的丧钟。为此，宋朝重文轻武，拼命压制武人势力。谁承想，面对北方少数民族政权的武力侵袭，两宋左支右绌，疲于应付，两宋末代皇室的下场都极为凄惨。

元朝起自塞上，也大量吸收了汉人的治国经验，但草原民族还是水土不服，朱元璋说"元以宽仁失天下"，指责元朝对地主豪强太过放纵，导致民众受压，基层失控。所以洪武皇帝废丞相，强皇权，对基层的控制也细化到方方面面。

沿至清朝，同是少数民族政权，清皇室看到的反面教材连篇累牍，通过制度补丁，清朝压制住了几乎所有隐患，皇权达到历史顶峰。但他们怎么也没料到最后葬送清朝的是西洋的近代思想。

"制度补丁论"看起来过于粗浅，对王朝灭亡的真实原因也有似是而非的揣测，对此我们不做深究，只说"制度补丁论"下的隐藏话题——秦制。

何为秦制历来说法不一。宋人欧阳修说："自汉以后，帝王称号，官府制度，皆袭秦故，以至于今虽有因有革，然大抵皆秦制也。"这里说的是国家制度。历史学家王家范认为："自汉而后两千年，国家控制方略时有变易，由秦开创的大一统体制则一脉相承。"这里说的又是更宏观的大一统思想。

将以上两点结合似乎能够揭开秦制的面纱。

秦制的核心当然是大一统，即中央集权下的全面统一，表现为国家政治上的整齐划一，经济和思想文化的高度集中。再往下细分，皇权至上、郡县流官、尊卑有序、重农抑商、利出一孔、国进民退、儒表法里、造册户籍、以法治民等，都可以视作秦制的基础或发展。

商鞅无疑是秦制的缔造者之一。在秦国变法时，他加强中央集权，推崇君权至上，施行县制；又主张依法治民，通过户籍制度管控民间；重农抑商、利出一孔就更别说了，这是商鞅思想的主核。

补丁论看似在说大一统王朝的承前启后，实际上却道出了一个历史公论——两千多年来，中国封建王朝的制度换汤不换药，历代帝王不过都是裱糊匠，做的都是缝缝补补的工作，从来没有起底挖根式的彻底颠覆。这也说明，商鞅从未死去，他一直活在中华大地上。

商鞅没有人走茶凉，反倒给后世盖下如此深重的思想钢印，甚至中途偶有岔路，最后还是会走到商鞅这里来。

为什么会如此？

学术一点儿的说法是，大一统是趋势，中央集权也是趋势，生产力发展到某个程度，秦制便是大势所趋。由于农业社会的生产力和生产关系没有根本性转变，所以这块地基千年不易。

对此，我们不妨用通俗点的说法来解释：其实，秦制就是好用。

当然，"好用"是站在统治者的立场上说的，两千多年的王朝时代，底层从来没有话语权，更没有选择权，只有帝王将相觉得好用，制度才能上马。

近现代以来，对秦制的反思越来越多。由于秦制服务于封建朝代，以文明视角看，它的确存在诸多不堪。

戊戌六君子之一的谭嗣同认为："两千年之政，秦政也，皆大盗也；两千年之学，荀学也，皆乡愿也。"他认为，中国王朝上下两千年，不过是大强盗利用伪善者，伪善者献媚于大强盗，二者狼狈为奸。

现代人对秦制的批评更严厉。

历史学家秦晖认为秦制并没有多少价值，他说："所谓的秦制有效，说穿了就是君子斗不过小人，文明人斗不过野蛮人，选择手段的人斗不过那些不择手段的人。"

与谭嗣同、秦晖等人对秦制的整体抨击不同，当今舆论场上，更多人开始着眼于秦制带来的影响，并以此表达对秦制的看法。

例如作家谌旭彬总结秦制的基本特征之一是"皇权与官僚集团在施政中的主要诉求，是尽可能提升汲取人力与物力的强度与总量……追求散沙化与原子化的扁平社会结构"。

这里显然是对秦制中"国进民退、民间乏力"等现象的批评。

网络自媒体对秦制的批评更为尖锐。有人认为，秦制会导致职权不分，使得上位者可以无条件剥削下位者；有人认为，秦制会激发人性的恶，压制人性的善；还有人认为，秦制对底层的压迫使得百姓成为事实上的奴隶。

个别情绪化的批评甚至将秦制上升到"误国祸源"的程度，认为它是中国两千多年封建压迫的起点，也是最全面、最彻底、最纯粹的国家奴隶制。

当然，否定之外也有肯定，与批评观点不同的是，承认秦制具备价值的着力点往往在其基础制度，而非后世延伸。比如说，后世再怎么批评秦朝暴政，也不会否定其在书同文、车同轨、统一度量衡上的举措。

历史教授张金光在《秦制研究》中总结了秦朝造就的九个"开创性"历史第一，摒去一些中性评价（如"开创行用两千余年的皇帝制度"），当中仍有不少溢美之词。张金光认为，秦朝有着恢宏博大的气魄，其制度中也表现出崇尚法治的精神，秦制下"耕、战、防相结合的战略创建了完整的长城边防体系，开创了别具特色的长城文化带"。并且，秦制"第一次使土地私有制合法化，开启了土地私有制发展的历史长河"。

虽然各有毁誉，但这些评价不一定就得针锋相对，有你无我。抛开其中的情绪化观点，它们各有侧重，也都有理有据，都可以为秦制的讨论增砖添瓦。

所以说，即使秦制问题再多，我们也无法否定它曾经的价值；同样的道理，哪怕这一制度当时再怎么优越，为中国开创过无数个第一，我们也不敢肯定它就是这片土地的最佳选择。毕竟，它的缺陷就是那么的明显。

为什么说商鞅之后再无变法

商鞅死后，帝王将相如同过江之鲫，各自崛起，各自陨落，历史长河因之生动。

其中也不乏变法能人，他们往往是一群逆势而动的孤勇者，为王朝长治久安矢志不渝。财政入不敷出、捉襟见肘时，社会动荡不安、摇摇欲坠时，国家外敌环伺、危急存亡时，这些人就会登上历史大舞台，与他们相关的大事件，不是变法就是新政，不是改革就是改良，且无论成败，他们总能点燃一支烛火。

其中，最知名的当属王安石变法、张居正改革及戊戌变法，这与三者的影响力有关，也可能是教材普及的功劳。

无一例外，他们都失败了。一个无奈的现实是，中国两千余年王朝史没有一次彻底成功的变革。把年代往前延伸，从春秋战国算起，商鞅变法也是一枝独秀，它前无古人，后无来者。

以王安石变法为主例，我们可以轻易窥见个中缘由。

王安石变法的重头戏也在"为国生力"上。熙宁二年，公元1069年，宋神宗任命王安石为参知政事主持变法。

王安石以诗文见长，名列唐宋八大家之一。但他却不是典型的儒家弟子，治国理政上反而有向法家靠拢的趋势，后世称他的改革是"高度集权的国家主义"，原因也在于此。

商鞅也是王安石的"偶像"，他也曾诗赞商鞅："自古驱民在信诚，一言为重百金轻。今人未可非商鞅，商鞅能令政必行。"

宋神宗金口一开，王安石旋即大刀阔斧，于变法当年颁布青苗法，随后又陆续推出募役法、方田均税法、农田水利法、市易法、均输法。

不必详解这些变法的具体措施，只说效果：新法实施前，北宋三冗沉疴难起（冗员、冗兵、冗费），政府囊中羞涩，财政常年赤字，入不敷出。王安石变法后，朝廷瞬间增肥。据史料记载，宋仁宗嘉祐年间（1056—1063年）政府年收入能达到3680万缗，而熙宁、元丰年间，这个数字变成了6000多万缗，以至于国库的经费"可以支二十年之用"。

但是，王安石变法很快就变了味儿，一些变法举措也遭千夫所指。比如青苗法，本意是保护农民，通过官府借贷的方式避免其破产而影响农业生产。但是由于存在高额的利息，一些官员会强迫那些没有需求的富农、地主贷款，搞得民不聊生；又比如农田水利法，这本该是能直接提高农业产量的良法，但由于吏治腐败，最后只是上演了一场劳民伤财的闹剧。

王安石设想的是"民不加赋而国用饶"，却受制于现状根本没有实现，最后国家肥了而百姓穷了。因新法利益受损的百姓、官僚阶级就不说了，许多有良心的知识分子也见不得新法扰民，纷纷反对变法。迫于压力，神宗两次罢免王安石，新法推行越发艰难，至公元1085年宋神宗去世，旧党重回阵地，变法戛然而止，王安石本人也于第二年病死钟山。

据记载，王安石新法罢黜以后，"民间欢叫相贺"，可见新法多么不受欢迎。对王安石本人，许多百姓也是恨之入骨，据说农村一些妇女喂鸡时都会喊几句

"安石，进食"。

其实王安石并无害民之心，他也知道新法不容于当时，屡屡以"当世人不知我，后世人当谢我"安慰自己。可惜的是，终北宋一朝，王安石变法风评都未能扭转，靖康之难后，许多人甚至将王安石当成亡国的祸首。

倒是王安石的死敌、守旧派代表人物司马光替他说了公道话，他说："人言安石奸邪，则毁之太过；但不晓事，又执拗耳。"此外，南宋大儒朱熹也批评王安石的新法，但他同时认为王安石的初衷是"欲救人"，"然其术足以杀人"。

五百年后，明朝张居正也站在了改革的风口浪尖。

与王安石一样，张居正变法也是效果不俗。短短十几年，明朝财政收入显著增长，国库存银激增，储备粮食高峰时足够支用十年。通过改革，张居正将明朝从财政破产的泥潭中拉出。有经济变革打底，明朝军事、吏治改革也成效不俗，每况愈下的朝政终于得以好转，史称"万历中兴"。

1582 年，积劳成疾的张居正病逝，守旧派立刻反攻倒算。张居正声名俱臭，家产被查抄，就连亲属也惨遭迫害。更遗憾的是，张居正的改革成果得而复失，除少量政策得以保留外，其他又恢复如前。

与上述两次变法一样，戊戌变法也失败了，不过它败得更快，许多措施都没来得及上马，就被顽固派扼杀了，持续仅 103 天，史称"百日维新"。

与王安石和张居正不同的是，戊戌变法浸润于近现代思想，寄希望于在皇权社会搞资产阶级变法，所以有人说它是"中国人走出两千年秦制的第一次机会"。

三次变法，三次救亡图存，三次都因守旧派绞杀而失败，所以，我们可以说，这三次变法都因守旧势力阻挠而失败。但这个原因太浅了，像秃子头上的虱子，明摆着的事儿。

如果往内深究，商鞅又脱不了干系。

知名学者许小年将改革分为两类，一类叫"突破型"，另一类叫"修补型"。在他看来，商鞅变法是突破性的，因为敢于突破，建立了新的制度，所以成功了。

这种突破性可以用更通俗的语言解释：变法之前，秦国可以种的地就那么多（包括垦荒而来的土地），人口也不会短期爆炸，这种条件下，它的最大社会产出可以是100，但由于制度不当，秦国只能产出50，大部分还被既得利益者瓜分，而商鞅变法可以让秦国的产出无限接近100。

这便是一种极大的突破。许小年认为，这种改革能够提高效率，做出比以前更大的蛋糕，如此一来，社会多个阶层都能受益，实现双赢或者多赢。

经济基础决定上层建筑，如果把秦国比作一棵果树，经济就是养分，养分到位了，其他枝丫自然也能硕果累累，这与商鞅变法中无所不用其极的重农手段对上了。

而王安石和张居正变法的目的是什么？是为国家创造收入，也就是为政府创造收入。他们的措施看起来没有跟民间对立，但谁都知道，如果蛋糕做不到足够大，政府想要吃肥，还是只能将手伸向民间，底层百姓擅长忍气吞声，也无可奈何。但百姓兜里的东西就那么多，朝廷拿得多了，以官僚士大夫为首的地主阶级就得少拿，更别说有的变法举措还会直接损害他们的利益，这怎么能忍？

既得利益者的顽固是超乎想象的，所以中国历代盛世一般都出现在王朝初年，此时盘根错节的利益关系还不够牢固，土地兼并也不严重，民间活力还未丧失，民富国强才有可能。到了王朝中后期，各种问题往往积重难返。

我们也能发现，这三次著名的变法（改革）都发生在王朝中后期。王安石变法时距北宋灭亡仅五十余年，张居正改革时大明还有不到八十年国运，戊戌变法就更不用说了，六君子赴死，清王朝旋即覆灭。

悖论就在这里：王朝初期一派欣欣向荣，统治者没有改革的动力；到了王朝中后期，顽疾已深，只能进行"修补型"的改革，根本不切要害，也无法让国家彻底摆脱困境。

为什么说这一切与商鞅脱不开关系？原因很简单，商鞅的颠覆性改革使得新兴地主阶级登上权力舞台，这股力量足以抗衡和压制当时秦国的守旧派，所以就算他以身殉法，新法还是能够得以延续。

一旦地主阶级成为新的既得利益团体，那就又是一个"屠龙少年终成恶龙"的故事。在商鞅设计的那套制度下，通过变法等和平手段再来一次"屠龙"几无可能。

第九章 荼毒后世还是万古流芳

商鞅可谓是历史上评价最为分裂的名人之一。

推崇的人认为商鞅是中国历史上伟大的改革家、政治家，奠定了中华两千余年大一统的地基；否认的人认为商鞅残酷无情、背信弃义，更有甚者认为商鞅是祸害中华大地两千余年的幽灵，是该被钉上历史耻辱柱的。

无论臧否，我们都应该还原真实的历史。

有人说，《商君书》对民众极不友好，是写给统治者的"恶魔圣经"，更是天下第一禁书。

也有人说，商鞅的"驭民五术"不把百姓当人看，是赤裸裸的独夫民贼。

众说纷纭，不一而足。真实的商鞅到底如何？我们又该如何评价他？

《商君书》是天下第一禁书吗

史书对商鞅的着墨并不多，对商鞅变法的记载也不够详尽，针对商鞅的大量研究都指向了《商君书》。

《商君书》又称《商子》，是战国法家学派的经典著作。全书两万多字，现存 26 篇，其中两篇只有目录没有内容。因《商君书》的内容与商鞅变法强烈相关，所以，《商君书》不可避免地成为描摹商鞅画像的蓝本。由于《商君书》是一本写给君主的治国大略，其核心思想对普通人来说又极不友好，因此充满争议，主流认定其是"法家经典"，但是还有部分人指责《商君书》乃帝王邪术，甚至说它是"天下第一禁书"。

具体谈论本书之前要先说一个有意思的现象：

先秦诸子百家几乎都有各自的代表作，儒家有《论语》，道家有《老子》，墨家有《墨子》。门派之内，一些声名显赫的人物还有许多挂名著作，比如齐法家管仲的《管子》，儒家孟轲的《孟子》，兵家吴起的《吴子》，杂家尸佼的《尸子》。这些作品的版权历来都饱受争议。

《论语》被认为是孔门弟子的记录，并非出自孔子本人，《老子》《管子》等书基本都是一个套路，《吴子》的争议更大，郭沫若认为书中的"青龙、白虎、朱雀、玄武"最早出现于汉朝，所以怀疑《吴子》系伪作。

与这些先秦古书一样，《商君书》的作者也是众说纷纭。

最早的权威认定来自班固，介绍这本书时他就标注了作者简介："名鞅，姬姓，卫后也。"但这一说法自唐宋时期就站不住脚了，南宋的黄震直言《商君书》"文烦碎不可以句"，很难读下去，他认为商鞅算是能臣干吏，写出来的东西不至于此。

黄震的质疑没有切中要害，其实真正让《商君书》版权争议成为公论的并非其文笔，而是书中内容。与黄震同一时期的周端朝读完《商君书》就立刻得出结论："《商君书》不是商鞅本人所写。"他的理由很简单，因为书中记有商鞅死后才发生的事。如《徕民》中出现了伊阙之战、华阳之战、长平之战，这三场战役分别发生于公元前293年、前273年、前260年，商鞅死于公元前338年，离三战中最早的伊阙之战还差着四十多年，一个死人怎么可能写出身后事。与之类似的还有《弱民》，它提到了商鞅去世六十年后的攻楚战事，显然不可能出自商鞅手笔。

《商君书》的开篇之作《更法》也是一大破绽，翻开第一页，"孝公平画"四字映入眼帘。要知道，"孝公"是谥号，而商鞅在新君继位后就遭通缉，不久便被处死，他总不能在逃亡途中写下本书吧！

除此之外，《商君书》还存在文章体裁不一、文字风格繁杂等问题，所以后世学者普遍认为《商君书》绝非商鞅一人所写。黄效先生对此做过专题研究，他认为，该书现存24篇内容中，有9篇极有可能为商鞅遗作，其余15篇应该成形于商鞅死后，具体的作者和年份已不可考。

《商君书》的版权问题大概弄清了，它与诸多先秦子书一样，都是"非一人所作，非一时所作"。那第二个问题又出现了，既然《商君书》至少有一半内容不是商鞅所写，那它可以代表商鞅的思想吗？

其实，历代学者对此已有定论：虽然《商君书》不是完全由商鞅自著，但其成书时间当在战国末期，极有可能是秦国史官和后世法家对商鞅思想的补录。也就是说，《商君书》并非伪书，而是商鞅思想的汇总。梁启超也说过，《商君书》是先秦作品，可以用作研究春秋战国时事的资料。

厘清这个问题后我们可以回到本文主题了，《商君书》真的是天下第一禁书吗？

持这种说法的多是自媒体。网络大 V 史料官在《〈商君书〉为何被称为天下第一禁书？是秦国统一全国的最大依仗》一文中写道：

为什么当年那个地处蛮荒的夷地之国能迅速崛起统一六国呢？为什么历代君王会让百姓对其言听计从，但也只能将自己的王朝持续二三百年呢？一切答案的根源都在一本"禁书"中，那就是《商君书》。

这本书过去一直都是宫廷教育太子的教材，只有历代君王才能读到。

另一位网络历史"大 V"的观点更加耸人听闻：

汉朝建立后，吸取秦朝灭亡的教训，从刘邦到吕后，一直到文景之治，汉朝实行的都是与民生息的倡导无为的黄老之术，法家成为朝廷禁忌，谈之色变。

到了汉武帝时期，罢黜百家，独尊儒术。实际上，汉武帝一直在搞外儒内法那一套，表面推崇儒家思想，暗地里一直在搞法家那一套，并且外儒内法成为汉朝乃至后世封建王朝的统治国策。于是，法家转入地下，只能做不能说。而《商君书》也被皇帝当成统治秘诀与权术圣经。比如，诸葛亮辅佐后主刘禅时，让他必须读的书就是《商君书》！《商君书》成为古代皇帝教授太子的经典教材，而且只有皇帝、皇子等统治者才能读，严厉禁止民间阅读，一经抓获，直接处斩！

部分畅销书也有类似说法。烽武野《拿得起放不下的战国史》"工具人之死"一节有文如下：

商鞅死了，他把自己献祭给了变法。可他却永远活在以他命名的书里，这就是著名的《商君书》，在古代一直被称为"天下第一禁书"。

如果皇帝看到老百姓有人读《商君书》，一定会说："这是一本受批判的书，毒性非常大，老百姓看了会犯大错误的！我要把书没收了！"然而，皇帝却没少偷偷地看《商君书》。

这些文章都称《商君书》为"天下第一禁书""古代第一禁书"，可在现有的官方史料中我们并没有找到这些观点的支撑证据。另外，从汉初开始，《商君书》就屡屡出现在古人文章当中，司马迁、苏轼以及上文提到的黄震、周端朝等人都曾读过此书，明清也有人专论《商君书》。这说明民间不但能够读到《商君书》，还能大大方方地讨论，这哪是禁书该有的待遇。

或许是为了营造《商君书》的神秘感，个别文章还添油加醋地说它是"宫廷教育太子的教材"，并举出诸葛亮辅佐刘禅时的故事来证明。

这里需要说明的是，刘禅是极有可能读过《商君书》的。据《遗诏敕后主》记载，刘备临终前给太子刘禅列了几本书的书单，这其中就包括《商君书》："可读《汉书》《礼记》，闲暇历观诸子及《六韬》《商君书》，益人意智。"

从刘备的遗诏中也可看出，他向儿子主推的是《汉书》《礼记》，只是说闲暇时可以看看诸子百家以及《商君书》等。这说明，在刘备心目中，《商君书》的主读价值并不大。这也从侧面说，《商君书》并非皇家的不外传之读物。

纵观中国封建王朝，儒家经典才是皇家图书馆中的扛鼎之作。

万历皇帝年幼时，张居正给他开具的书单中有《资治通鉴》和"四书"等，他还亲自编撰《帝鉴图说》，其目的是让皇帝以史为鉴，励精图治，做一个圣明的君主，但《商君书》根本不在其中。

末代皇帝溥仪在《我的前半生》中也交代了自己当年读过的书："尽管毓庆宫的时钟大得惊人，毓庆宫的人却是最没有时间观念的。看看我读的什么书，就可以知道。我读的第一本书是《孝经》，最末一本是《尔雅》，基本课本就是十三经，另外加上辅助教材《大学衍义》《朱子家训》《庭训格言》《圣谕广训》《御批通鉴辑览》《圣武记》《大清开国方略》《全唐诗》《乾隆御制诗》等。"

其中儒家经典倒是不少，其他的跟《商君书》都扯不上半点关系。可见《商君书》在皇帝眼中并非什么了不起的治国宝典，它只是一本与《管子》《韩非子》差不多的法家代表作而已，并且知名度也不如二者。对此，史学大家吕思勉有过评价："《商君书》精义较少，欲考法家之学，当重《管》《韩》而已。"

既然《商君书》只是一本代代相传的古籍，为什么"天下第一禁书"这个噱头会落到它的身上呢？笔者认为原因有三：

其一与商鞅有关。秦取天下后，后人对商鞅的评价是"赞也足够多，骂也足够狠"，这种两极分化会捎带上《商君书》，而针对商鞅的负面评价又过于耸人听闻，比如董仲舒说秦国"用商鞅之法，改帝王之制"，秦朝二世而亡与他脱不开关系，持类似观点的大儒数不胜数。一国因一人而一统天下，又因一人而遭遇天下围攻，这无疑会让人好奇，商鞅到底有何魔力？《商君书》是不是恶魔的圣经？

第二个原因是商鞅的突然翻红。秦汉之后，中国以儒家为尊，商鞅和《商君书》都被简单地否定了，成为冷门话题。直到清末甲午战争后，中国掀起新一轮的变法图强运动，商鞅重回大众视角，直至今天，商鞅仍是历史课本的常驻人物。进入自媒体时代后，各种观点泥沙俱下，又因为自媒体热衷于制造噱头，那么给《商君书》安上什么名头都不稀奇了。

第三个原因当然是《商君书》本身。自汉武帝罢黜百家后，"仁义"便是中国大一统王朝必须挂出的羊头，不管你卖的是不是狗肉，宣传出去的还得是仁义礼智信那一套。如果把儒家那套说成是历代帝王的文化常识，那《商君书》无疑是反儒反常识的，也正因如此，《商君书》与主流思想强烈互斥。以儒家视角看,《商君书》里的那些虎狼之词简直骇人听闻。

如此看来，把"禁书"标签甩给《商君书》只是一种大众情绪的发泄，并非据史依实的客观描述。

由此我们又能引出另一个问题:《商君书》到底讲了什么，是什么让它风评低下，以至于到今天还有一批人称它为"恶魔的圣经"？

驭民五术是真是假

所谓"驭民五术",指的是愚民、弱民、疲民、辱民、贫民。

愚民:统一思想,使民愚昧无知,只知道唯命是从。

弱民:国强民弱,治国之道,务在弱民。

疲民:为民寻事,疲于奔命,使民无暇顾及他事。

辱民:一无自尊自信;二唆之相互检举揭发,终日生活于恐惧氛围中。

贫民:除了生活必需,剥夺余银余财,人穷志短。

这只是"驭民五术"的一个版本,另有版本在五术之后还加了一句:"若五者皆不灵,杀之!"

无一例外,各版本宣称这套帝王权术源自商鞅和《商君书》。

"驭民五术"的说法不只存在于网络,许多出版作品中也有这一说法,例如《西方人文经典讲演录》《历史这么有意思》等。

那么，"驭民五术"的真相到底是什么？

需要澄清的是，商鞅从未提过"驭民五术"，《商君书》中也没有这个说法，甚至连"驭民"二字也没有，"驭民五术"是后人根据该书内容概括而来的。

以中华书局石磊译注版的《商君书》为参照，我们来具体说说这"驭民五术"。

第一，愚民。

有的版本也称"壹民"。其核心理念是统一思想，让百姓愚昧无知，只知道唯命是从。

《商君书》中的确多次出现"民愚"二字，最贴近愚民思想的一句是"民愚则易治也"，民众愚昧就容易统治。联系上下文，它要表达的意思并非是"使民众愚昧"，而是要统一法令，让人人都能守法。

书中其他几处"民愚"与此类似，都不是说让民众变得愚昧。

但是，《商君书》中的确存在统一思想、清除儒家思想以及禁止思辨的主张，这与五术中的"愚民"如出一辙。石磊译注版《商君书》前言中也说，"愚民政策"是该书不可取的观点之一。

第二，弱民。

《商君书》有专门的《弱民》，里头也的确有"民弱国强，国强民弱。故有道之国务在弱民"一句，直译过来是："民众弱，国家就强；民众强，国家就弱。"看起来十分切合弱民的观念，但书中所说的强指的是"放纵"，弱指的是"质朴"，合起来的意思："民众质朴就弱，弱就会守法；民众放纵就强，强就会肆意妄为不受控制。"

所以，弱民的字面意思并不是"让民众变得弱小"，而是让民众变得更加质朴。这其实是商鞅"农战"思想的延伸。在商鞅看来，民众只有务农才能质朴，才不会变得放荡。"让民众变得弱小"明显也不符合商鞅的变法逻辑。在变法前的御前辩论中商鞅就说过，只要对人民有利，就不必因循守旧。

从国家变强的逻辑上看，"弱民"也不是成功之道。秦国的百姓是国家的税源、兵源，让百姓变弱不等于让国家变弱吗？一群弱小的人又怎么能攒成一个强大的拳头?

第三,疲民。

《商君书》中并无"疲民"的说法,这里说的可能是书中的"杀力",也就是集中民众的力量参加战争。书中的解释是,消耗民众的力量是为了消灭敌人,鼓励民众立功。

也就是说,商鞅并不是让君主无缘无故地去消耗民众,而是要集中这股力量投入战争,这当然会使民众疲惫,但秦国的最终目标是富国强兵,并非疲民。这点前文已经谈到,当时的秦国面临的是生存危机,战争是不可避免的,他的变法是一种战时法治,不是和平时期的治国宝典,所以疲民不是目的,而是可能造成的结果。

第四,辱民。

《弱民》中有类似的说法,但它的表达是这样的:"民,辱则贵爵,弱则尊官。"民众地位卑弱就会崇尚爵位,怯懦就会尊敬官吏,这里的"辱"指的是地位,不是侮辱民众,让他们没有自尊和自信。

而且这句话只是一种现状陈述,并非主张让民众处于"地位卑弱"的状态。说句诛心的话,在战国及后世封建王朝中,民众地位卑下不都是事实吗?统治者根本不需要出台任何政策和措施,普通百姓本就处于社会底层。

《商君书》陈述这个现状是为了引出后面的策略,既然百姓地位卑微又弱小,那就通过赏赐来鼓励他们改变现状,这也是商鞅变法推出军功爵制的理论基础,商鞅的目的,是让地位卑弱的百姓也能通过军功获得爵位。

所以,"辱民"不存在侮辱民众的意思。

至于"互相检举揭发,终日生活于恐惧氛围中",这应当是指商鞅变法时推行的"连坐法""告奸法"。实事求是地说,"让民众互相检举揭发"的确是商鞅变法追求的效果,但他的初衷并非让百姓"终日生活于恐惧氛围中",而是防止作奸犯科的人影响农战。所以,这一点也存在片面之处。

第五,贫民。

这个说法简单理解就是让百姓为生活而奔波，让他们时刻在生存线上挣扎，无暇顾及其他。《说民》对此的论述是："民众贫穷，那么国家就弱；民众富裕，那么就会放纵自己。"所以，它并非主张要让百姓处于贫穷状态，而是"令贫者富，富者贫"。叶自成认为，这句话中的"贫""富"含义不一："令贫者富"中的"贫"指的是赤贫，"富"指小康或小富；而"富者贫"中的"富"指的是大富、巨富，"贫"则是小康或小富。《商君书》的意思是，一个国家不能有太多赤贫的人，也不能有太多有钱人。这可以理解为一种中间状态，不能让百姓太穷也不能让他们太富，这是一种极端的"均贫富"思想。

比如书中提到，如果有人通过田地（比如地主）变成巨富，那就让他用粮食换爵位，这样他就不会在耕作上怠惰。

这说到底还是为了"农战"，其目的是防止民众过富而疏于农战，同时也不希望民众贫穷导致国家无法生力。因此，"贫民"的说法不够客观，它提倡让百姓处于"贫富"的中间状态，而非真正的贫穷。商鞅变法也的确以此为目标，他重农抑商，最终乡邑大治，秦国"家给人足"，这显然不可能是"贫民政策"的效果。

此外，商鞅对军功的高规格奖励也与"贫民"政策背道而驰。一个农民在前线斩首立功，人还没回来，这边就给田地、给宅基地，这能是一种剥夺吗？

作家冯唐借用企业管理的法则回应过"驭民五术"，他说："疲民，是指疲于奔命。为什么要疲于奔命？疲于奔命的人民、军队，如何能战胜别国？辱民，更不是商鞅想做的事情。如果军队、人民都被侮辱了，你怎么能期待他们拼命去打胜仗？贫民，剥夺余财，这跟不上业绩管理。"

之所以说"驭民五术"只是存在争议而非谣言，正是因为它存在一部分客观的描述。但是，整体分析下来我们又能发现，所谓的商鞅"驭民五术"与真实历史相去甚远，并且也有以今度古的嫌疑。

"驭民五术"中最后一句——"若五者皆不灵，杀之"——情绪化太浓，非但不符合历史，也跟常识相去甚远，所以没有分析它的必要。

在许多人眼中，"驭民五术"是历代专制君主的常用权谋，不管皇帝们看没看过《商君书》，但是他们的许多做法都跟"驭民五术"不谋而合。更激进的观点甚至认为，"驭民五术"造成中国封建王朝长期暗无天日，更是中国近代停滞不前、屡屡遭受外敌欺凌的思想根源。

这显然是对着空靶子开枪，而且言过其实。总体而言，《商君书》中的确存在许多糟粕，例如道德观念淡漠、缺少人道主义关怀、将民众工具化等，为此，商鞅也付出了沉重的名誉代价。但如果说《商君书》是古代中国所有苦难的始作俑者，那未免也太看得起商鞅了。

再说句无奈的话，《商君书》中的许多思想并非商鞅原创，其变法时的主张也都是借鉴改良而来。商鞅之后，还有《韩非子》这样更加露骨的法家著作，如果要怪罪，总有给商鞅垫背的。

如何客观评价商鞅

　　有这样一位战国名人：和商鞅一样，他出身豪门，祖父是鼎鼎大名的齐威王。比商鞅幸运的是，他年纪轻轻就继承了父亲的封地，衣食无忧不说，还养得起数千门客。

　　有一次，他坐车途径赵国，赵人以贵宾之礼相待。听说他来了，许多人跑过来跟着车看热闹，只为一睹他的风采。谁承想，见了本人后赵国民众大失所望，不少人当着他的面嘲笑道："本来还以为是个身材魁梧的大汉，如今看到他，才知道只是个瘦不拉几的小丈夫。"

　　听到这话，他大为光火，当即跳下车来，他的手下也纷纷跟从，一行人不分良莠，砍杀了数百人，这还不解恨，他又带人毁了这个县城，坏事干绝后才离开。

　　他叫田文，也叫孟尝君，正是鼎鼎大名的战国四公子。贾谊对他的评价是："明智而忠信，宽厚而爱人，尊贤而重士。"曹植也写文称赞他为"上古俊公子"，其中用词流光溢彩："飞仁扬义，腾跃道艺，游心无方，抗志云际，凌轹诸侯，驱驰当世，挥袂则九野生风，慷慨则气成虹霓。"

直到今天，人们想到战国四公子，想到孟尝君，印象大抵如贾谊、曹植所说。

孟尝君的这段黑历史见载于《史记》，千百年来得有多少文人墨客读到过，为什么他却没有留下暴戾、嗜杀的恶名？

这种吊诡充斥着历史。比如商鞅的前辈吴起，他在卫国散尽家财，求官不得，一怒之下杀死嘲笑他的三十多人。杀人恶名对吴起影响似乎不大。逃亡后他拜孔门弟子曾申为师，最后被曾申逐出师门也不是因为这段黑料，而是由于吴起在母亲去世后没有回家奔丧守孝。哪怕"杀妻求将"这般伤天害理之事，也只让吴起的风评白璧微瑕，帝王所立的武庙十哲里还有他的一席之地。

与之相反，自春秋以降，弑君杀主之人几乎都背上了骂名，哪怕只杀一个人，他们也很难逃脱后世的唾骂。

背后的原因太过复杂，也无深究的必要，讲这些只是想说明一个观点——在古代，如果没有法治上的公平和正义，百姓必然命比纸薄。

让商鞅毁誉参半的正是他的法治思想，这是由于商鞅的法治覆盖在各领域改革之上，且呈现出一种"既有价值又严密残酷"的特征。所以，评价商鞅不如先从他的法治思想入手。

褒扬商鞅法治思想的评价有很多。

《战国策》说："商君治秦，法令至行，公平无私，罚不讳强大，赏不私亲近，法及太子，黥劓其傅。"这无疑是在肯定商鞅法治的"公平无私"，虽然不能束缚君主，但商鞅法治也有追求"人人平等"的举措。

梁启超将商鞅、管仲、诸葛亮等人列入"中国六大政治家"，认为他们倡导的法治主义最适合国家。对此，历史学家朱师辙说得更为透彻，他的意思是，自两汉以降，帝王都假借尊儒术的名义，行专制之实，治理国家不顾法度，生杀予夺都由个人喜好决定。朱师辙说："崇尚法治，远则西欧，而不知商君已倡于二千年前。"显然，朱师辙认为商鞅的法治精神值得近代中国借鉴。

学者大家对商鞅法治的正面评价连篇累牍，就不作一一列举了。

与之相应，贬低商鞅法治的人也不在少数，其中最有分量的当属司马迁、贾谊、董仲舒、班固、苏轼等人。

司马迁、班固作为史学家，都客观承认了商鞅的变法功绩，但对商鞅的法治思想却没有苟同，司马迁批评商鞅"天资刻薄"，不光指其为人，也指其治法刻薄严苛。班固也一样，他说商鞅是"雄桀之士""以快贪残"，所指正是商鞅治法的残酷。此外，《汉书》以"秦人不怜"为商鞅之死收尾，班固意之所指应该也是商君之法过于残酷——哪怕秦人通过新法得到实惠，对商鞅都生不出同情心。

董仲舒独尊儒术，向来仇视重刑轻赏、断仁绝义的法家人物，他说商鞅"改帝王之制"，政策也都是祸国殃民的。贾谊的评价前已述及，这里不再赘述。

汉朝之后，苏轼、朱熹等人都针对商鞅法治中的严苛残酷表达了批评之意。苏轼说商鞅治法让百姓"见刑而不见德"，朱熹则认为商鞅治法"无教化仁爱之本"。值得一提的是，苏轼并不认为秦人只是暴政的唯一受害者，在他看来，"六国之君虐用其民，不减始皇二世"。

现在，越来越多对商鞅法治的评价已趋向于辩证：对商鞅以法治国、法不阿贵的思想表示赞同，特别是其向民众普及法律的做法，已经贴近现代法治理念；同时，对商鞅法治中严密、细繁、残酷的一面也予以批评，同时也摒弃商鞅将法律与道德进行对立的思想。

再来说说对商鞅的个人评价。

秦朝灭亡后，"暴秦"成为后世公论，作为秦帝国的奠基人之一，商鞅的风评一直不好，话题其实也不够热门。直至清末，中国掀起新一轮变法图强运动，作为变法先驱的商鞅才再一次获得大众审视的机会。

学术界对商鞅的讨论仍偏向于"两说"：普遍承认商鞅是跨时代的改革家，同时也批评其"治法残酷""欺诈故交""贪名近利"。

互联网时代来临后，人人可以讨论，人人可以评说，商鞅在民间舆论场上的风评也陡然恶化。个中缘由不难想见，商鞅变法的举措以及《商君书》的思想只有"富国强兵"这一个核心追求，且缺乏人道主义情怀，更无底层关怀。所以，商鞅变成了"统治阶级的忠犬，人民群众的天敌"。某网络平台"如何评价商鞅？"这一问题下，答案几乎一边倒地否定甚至戾骂商鞅，有人称他是"独夫民贼之帮凶鹰犬，蛇蝎心肠犹不及其狠毒，只为己身荣华，费心竭力残民虐民，岂知害人终害己，作法自缚，尸骨不存，徒为天下笑"。可能是将商鞅与秦制关联，有人便认定它是中国两千年黑暗封建社会的元凶，也是导致中国近代落后的肇始。

这些观点显然是有失偏颇的，其情绪出处应当与"驭民五术"差不多，这里同样不做深究。只能说这些观点反映了他们对古代暴政、压迫的仇恨，也表达了他们对当今社会主义核心价值观的追求。

如何评价商鞅？这里化用喻大华教授在《百家讲坛》上说的一句话，为本篇也为本书结尾：我们的历史上，其实好人少，坏人也少，不好不坏的人最多，而商鞅，极有可能就是一个"不好不坏的人"。

青史堂
QINGSHITANG